# PETITE ENCYCLOPÉDIE

# DES ÉCOLES PRIMAIRES,

ou

NOUVEAU COURS COMPLET D'ÉTUDES ÉLÉMENTAIRES D'APRÈS LES
PRINCIPES DE L'ÉCOLE PRATIQUE,

DÉDIÉE

A S. A. R. MONSEIGNEUR LE DUC DE MONTPENSIER,

PAR M. BESCHERELLE AÎNÉ.

---

## LA PREMIÈRE GRAMMAIRE

DE

## L'ÉCOLE PRATIQUE.

# LISTE

*Des ouvrages dont se compose la* PETITE ENCYCLOPÉDIE *des Écoles primaires.*

1° La première Grammaire de l'école pratique, ou Grammaire du premier degré, 1 vol. in-12 cart.......... 1 f. 25 c.

2° La seconde Grammaire de l'école pratique, ou Grammaire du second degré, comprenant toutes les règles de la syntaxe, 1 vol. in-12 cart.................. 1    25

3° Le premier Traité d'analyse grammaticale de l'école pratique, 1 vol. in-12 cart......................... »    80

4° Le premier Traité d'analyse logique de l'école pratique, 1 vol. in-12, cart........................ »    80

5° La première Synthèse logique de l'école pratique, ou Introduction à l'art d'écrire, 1 vol. in-12 cart....... »    80

6° La première Synthèse grammaticale de l'école pratique, ou Leçons élémentaires de style, 1 vol. in-12 cart.. »    80

7° L'Art d'écrire mis à la portée des plus jeunes enfants, ou Traité élémentaire de composition française, 1 vol. in-12, br...................................... 1    25

8° Le premier Traité de morale de l'école pratique, ou la Morale enseignée par les exemples, 1 vol. in-12 br.. 1    25

9° Le premier Traité d'arithmétique de l'école pratique, 1 vol. in-12 cart............................... 1    25

10° Le premier Manuel de l'histoire de France de l'école, pratique, 1 vol. in-12, cart...................... 1    25

11° La première Géographie de l'école pratique, 1 vol. in-12 cart.................................. 1    25

12° Le premier Traité de lecture de l'école pratique, 1 vol. in-12 br.................................. »    50

13° Le premier Traité de prononciation de l'école pratique, 1 vol. in-12 br............................... »    80

14° Le premier Traité d'orthographe de l'école pratique, 1 vol. in-12 cart............................... 1    25

*Nota.* Tous ces Traités sont rédigés sur le plan de la *première Grammaire de l'école pratique.*

# LA PREMIÈRE GRAMMAIRE

DE

# L'ÉCOLE PRATIQUE,

OU

## GRAMMAIRE DU PREMIER DEGRÉ,

### OUVRAGE ENTIÈREMENT NEUF,

où, pour la première fois, chaque règle, formant un cadre à part, est suivie de nombreux *Exemples,* d'une *Lecture* et d'une *Dictée,* qui ont pour but d'en faciliter l'intelligence et l'application.

**A L'USAGE DES ÉCOLES PRIMAIRES ET DES MAISONS D'ÉDUCATION.**

## PAR M. BESCHERELLE AÎNÉ,

AUTEUR DE LA GRAMMAIRE NATIONALE,

MEMBRE DE LA SOCIÉTÉ GRAMMATICALE DE PARIS; COLLABORATEUR DU *Moniteur de l'instruction primaire* ET DE PLUSIEURS JOURNAUX D'ÉDUCATION.

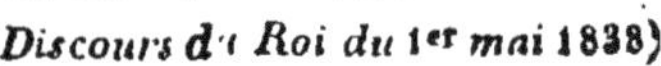

« Ce qui s'est passé de nos jours ne nous apprend que trop combien il est dangereux de se laisser aller aux vaines théories qui conduisent souvent à un but diamétralement opposé à celui qu'on s'était flatté d'atteindre.... Inculquez à vos élèves qu'il faut toujours s'attacher à la PRATIQUE en toutes choses. »

*(Discours du Roi du 1er mai 1838).*

# PARIS;

LIBRAIRIE ECCLÉSIASTIQUE, CLASSIQUE ET ÉLÉMENTAIRE

## DE H. DELLOYE,

rue des Filles-Saint-Thomas, n° 13, place de la Bourse.

# 1838

## LETTRE

ADRESSÉE PAR M. DE LATOUR, PRÉCEPTEUR DE S. A. R. A M. BESCHERELLE AÎNÉ, AUTEUR DE LA GRAMMAIRE NATIONALE.

Neuilly, le 7 juillet 1838.

Monsieur, je me réjouis d'avoir à vous annoncer que S. M. la Reine a daigné accepter pour M. le duc de Montpensier la dédicace de la Petite collection que vous voulez bien placer sous le nom de S. A. R. Je désire vivement que votre pensée ait tout le succès qu'elle mérite, ou, pour mieux dire, je crois d'avance à ce succès : le passé répond de l'avenir.

Agréez, je vous prie, Monsieur, l'assurance de ma considération très-distinguée.

DE LATOUR.

*Tout exemplaire non revêtu des griffes de l'auteur et de l'éditeur sera réputé contrefait.*

# PRÉFACE.

---

Un fait incontestable, c'est que, malgré tous les efforts de nos plus habiles didacticiens, nous n'avons pas encore une bonne grammaire pratique, proprement dite, c'est-à-dire une grammaire simple, graduée, facile, élémentaire et à la portée des enfants qui fréquentent les écoles primaires. Presque toutes celles qui existent pèchent ou par la multiplicité des règles et des exceptions, ou par l'esprit de système ou par des innovations qui ne sont pas généralement admises (1), ou bien encore par

---

(1) Il serait impossible de croire, si malheureusement on n'en avait la preuve, tous les étranges caprices qui, depuis un certain temps, ont passé par la tête de nos grammairiens ou soi-disant tels. Il semble qu'ils aient pris à tâche de tout bouleverser : nomenclature, classification, orthographe, ils ne respectent rien. C'est ainsi que l'un, séduit par une apparente simplicité, s'imagine de réduire à deux les dix parties du discours, sans songer que cette nouvelle division l'entraîne à des subdivisions vingt fois plus nombreuses et bien plus compliquées que celles qui existent. Un autre, partisan aveugle de tout ce qui porte le nom de réforme, cherche à se donner un air d'étrangeté en retranchant partout les doubles consonnes ; celui-ci renverse l'ancienne nomenclature, connue de tout le monde, pour se donner le frivole plaisir de lui en substituer une de sa façon et qui n'est comprise que de lui seul ; celui-là enfin, peu soucieux de la morale, ne se fait nul scrupule de parsemer son livre d'exemples propres à corrompre le cœur des jeunes enfants. Certes, nous n'entendons pas proscrire le progrès, mais avant de l'admettre, nous devons sévèrement le contrôler, nous devons surtout attendre que l'usage l'ait sanctionné ; car, en fait de langue comme en toute autre chose, l'usage fait loi. D'ailleurs il faut bien se garder de confondre le progrès avec ces essais aventureux, qui n'ont d'autre résultat que de jeter le trouble et la confusion dans l'esprit des instituteurs, aussi bien que dans celui des élèves.

la parcimonie des exercices. Aussi voyez ce qui arrive : l'instituteur, qui ne trouve dans aucune grammaire les avantages qu'il désire, en est réduit à s'en faire une lui-même, ou, ce qui est plus commun, à s'en passer. Un tel état de choses, tout le monde le sent, ne peut qu'avoir l'influence la plus funeste sur l'instruction en général. Il n'est pas bon, en effet, que l'instituteur soit ainsi abandonné à lui-même ; il n'est pas bon qu'il soit privé de méthode. Comme au pilote, il lui faut une boussole qui le guide à travers les écueils que présente à chaque pas la carrière de l'enseignement ; autrement il erre au hasard, sans motif et sans but, et l'incertitude de sa marche peut compromettre les progrès de ses élèves.

C'est dans l'intention d'être réellement utile aux instituteurs, c'est en vue d'économiser leur temps si précieux et celui de leurs élèves, que nous avons entrepris la petite grammaire que nous publions aujourd'hui. Nous ne l'avons pas conçue pour les savants ni pour les gens du monde. Si, à l'exemple de nos devanciers, nous avions voulu faire parade d'érudition et nous égarer dans les profondeurs d'une métaphysique obscure, certes nous eussions été plus à notre aise, et notre travail nous eût coûté bien moins de peine ; mais de quel avantage eût-il été pour ceux que nous voulons servir ? Eh ! n'y a-t-il pas déjà trop de livres inutiles, sans chercher encore à en augmenter le nombre ? Ce qui manque aux instituteurs, et surtout aux instituteurs de nos provinces, c'est un livre comme celui-ci où toutes les leçons soient nettement tracées et bien graduées, où tous les préceptes soient simples et exposés avec clarté, où chaque règle soit accompagnée des exercices nécessaires, car sans la pratique il n'est point de succès à espérer en quoi que ce soit.

De tous les instituteurs, il n'en est aucun, nous le disons en toute assurance, qui n'ait dû plus d'une fois regretter l'absence d'un tel livre. Professeur nous-même, il nous est arrivé souvent de nous demander comment, depuis si long-temps que l'école pratique va prêchant la réforme, il n'est venu à la pensée d'aucun de ses adeptes de rédiger un ouvrage d'une utilité pratique aussi réelle. C'est que pour exécuter un travail aussi aride, aussi ingrat, il fallait être animé de l'amour du bien public ; c'est qu'avant de l'entreprendre il fallait s'y préparer par de longues méditations, des recherches, des essais, et bien peu d'hommes sont capables d'un pareil dévouement : en général, on vise plus à sa réputation qu'à l'intérêt public ; on dédaigne de descendre jusqu'à des écoliers, oubliant que toute cette jeunesse studieuse est appelée à tenir un jour sa place sur cette grande scène du monde qu'on nomme la société, et qu'elle jugera à son tour ceux qui la traitent aujourd'hui avec tant de dédain.

Disons maintenant un mot du plan que nous avons suivi.

Entièrement rédigée d'après les principes de l'école pratique, notre petite grammaire nous paraît parfaitement appropriée aux besoins de l'enseignement primaire. Théorie et pratique, règles et applications, tout n'y est pas jeté pêle-mêle comme dans la plupart des ouvrages de ce genre. La méthode la plus sévère a présidé à la distribution des matières. Persuadé que l'enfant ne saisit bien les choses que lorsqu'elles lui sont présentées une à une, nous avons soin de n'appeler son attention que sur une seule règle à la fois, et, pour mieux la lui faire comprendre, nous ajoutons aussitôt quelques exemples qui, presque toujours, embrassent tous les cas qui s'y rattachent ; ensuite, pour nous assurer que l'élève, à l'aide des exemples, a acquis une connaissance certaine de la règle, nous lui donnons une petite lecture à faire, et nous l'invitons à analyser, d'après le modèle que nous lui présentons, quelques-unes des phrases qu'elle renferme. Enfin, comme l'application doit suivre immédiatement la théorie, nous lui dictons une petite série de phrases qui l'obligent à appliquer le principe qu'il connaît. Certes, avec tous ces moyens réunis, il est impossible que l'enfant même le plus mal partagé sous le rapport de l'intelligence n'arrive pas en très-peu de temps à savoir la grammaire, et cette méthode est d'une simplicité telle qu'il n'est pas d'instituteur ni de père de famille qui ne puisse en faire usage avec succès.

Si ces précieux avantages étaient sentis de tous les instituteurs, et qu'ils voulussent bien accueillir notre ouvrage avec faveur, nous serions amplement récompensé de nos travaux, et nous nous estimerions heureux d'avoir doté l'enseignement primaire d'un livre qui lui manquait et qu'il appelait depuis si long-temps de tous ses vœux.

## AVIS ESSENTIEL.

Comme notre titre l'indique suffisamment, ce petit ouvrage ne contient que les notions grammaticales les plus élémentaires. Dans un autre volume, intitulé : *la seconde Grammaire de l'école pratique, ou Grammaire du second degré*, nous donnerons toutes les règles de la Syntaxe, avec un traité de la ponctuation et de la proposition. Cette division nous a paru nécessaire : elle sera, nous n'en doutons pas, agréable aux enfants; l'instruction leur étant présentée en petites doses, le travail les effraiera moins ; ils se sentiront encouragés par la perspective de passer bientôt à un livre nouveau ; ce qui, pour cet âge, a toujours de l'attrait.

# LA
# PREMIÈRE GRAMMAIRE
# DE L'ÉCOLE PRATIQUE.

## INTRODUCTION.

### N° I.

La *Grammaire* est l'art de parler et d'écrire correctement.

*Parler*, c'est exprimer ses pensées par la voix.

*Écrire*, c'est tracer des caractères ou lettres qui représentent aux yeux les sons de la voix.

Les *sons*, ou les *lettres* destinées à les représenter, sont : *a*, *b*, *c*, *d*, *e*, *f*, *g*, *h*, *i*, *j*, *k*, *l*, *m*, *n*, *o*, *p*, *q*, *r*, *s*, *t*, *u*, *v*, *x*, *y*, *z*.

Une de ces lettres ou un de ces sons, ou bien plusieurs lettres ou plusieurs sons réunis, forment un *mot*, lorsqu'ils offrent un sens satisfaisant pour l'esprit, qu'ils peignent une idée. Dans cette phrase : *Dieu est le créateur de toutes choses*, il y a sept mots : *Dieu* | *est* | *le* | *créateur* | *de* | *toutes* | *choses*.

(Comme il est indispensable pour l'analyse grammaticale de bien distinguer les différents mots de chaque phrase et le sens partiel de chacun de ces mots, nous allons présenter quelques exemples afin de faciliter à l'élève les moyens de faire cette distinction.)

### Lecture.

Notre Père des cieux, père de tout le monde,
De vos petits enfants c'est vous qui prenez soin ;
Mais à tant de bonté vous voulez qu'on réponde,
Et qu'on demande aussi, dans une foi profonde,
Les choses dont on a besoin.

1.

ANALYSE. — Dans ce discours il y a quarante-quatre mots ; il est facile de les compter ; car il existe toujours entre chaque mot écrit ou imprimé une séparation plus grande qu'entre chacune des lettres qui le composent. Nous allons indiquer cette séparation par une ligne verticale :

*Notre | père | des | cieux, | père | de | tout | le | monde, | de | vos | petits | enfants, | c' (1) | est | vous | qui | prenez | soin; | mais | à | tant | de | bonté | vous | voulez | qu' | on | réponde, | et | qu' | on | demande | aussi, | dans | une | foi | profonde | les | choses | dont | on | a | besoin.*

### Dictée.

(Séparer chaque mot par une ligne verticale.)

Vous m'avez tout donné, la vie et la lumière,
Le blé qui fait le pain, les fleurs qu'on aime à voir,
Et mon père et ma mère, et ma famille entière ;
Moi, je n'ai rien pour vous, mon Dieu, que la prière,
Que je vous dis matin et soir.

---

## N° II.

### DES VOYELLES ET DES CONSONNES.

Il y a deux sortes de lettres : les *voyelles* et les *consonnes.*

Les voyelles sont : *a, e, i, o, u, y.* On les appelle *voyelles,* parce que, seules, elles forment une voix, un son.

Les consonnes sont : *b, c, d, f, g, h, j, k, l, m, n, p, q, r, s, t, v, x, z.* On les nomme *consonnes,* parce qu'elles ne forment un son qu'avec le secours des voyelles.

On distingue trois sortes d'*e:* 1° l'*e* muet, dont le son est peu sensible, et quelquefois presque nul, comme dans *pelotte, paiement, jalousie;* 2° l'*é* fermé, appelé ainsi, parce qu'il se prononce la bouche presque fermée : *bonté, café, décédé;* 3° l'*é* ouvert, qui se prononce en ouvrant la bouche : *succès, accès, père, mère, excès, procès.*

Le petit signe (´) qui descend de droite à gauche sur l'*é* fermé, s'appelle accent aigu : *prémédité.* Le petit signe (`) qui

---

(1) Ce signe (') qu'on nomme *apostrophe,* placé au milieu d'une de ces séparations, indique l'existence de deux mots qui se réunissent dans la prononciation : *c', qu', m', n'.* sont ici pour *ce, que, me, ne.*

descend de gauche à droite sur l'*é* ouvert se nomme accent grave : *ma chère mère.* Le petit signe (^) que l'on remarque quelquefois sur *â, ê, î, ô, û, eû, oû,* s'appelle accent circonflexe : *âge, île, être, ôter, brûler, jeûner.*

### Lecture.

1. Dieu prévient tous nos besoins.
2. Le respect est *dû* au vieillard.
3. La fainéantise produit la misère.
4. Exercez-vous à la piété.

ANALYSE. —Le premier *é* de *prévient* est surmonté de l'accent aigu, parce que c'est un *é* fermé. Le premier *é* de *misère* est surmonté de l'accent grave, parce que c'est un *é* ouvert. Dans *le*, *e* est une voyelle, parce que c'est une lettre qui, seule, forme un son. Dans *Dieu*, *D* est une consonne, parce que c'est une lettre qui ne produit un son qu'avec le secours des voyelles (1).

### Dictée.

(Distinguer d'abord les voyelles des consonnes, mettre ensuite les accents sur les voyelles.)

Les douze apotres.—Les cotes d'Afrique.—La terre est seche.—Le soldat est blesse.—Le cortege.—Le siege.—Les tenebres.—Les progres et les succes des eleves.—La lumiere. —La severite.—Le de est carre.—La soupiere est creuse.— La regle est droite.—Le sapin est elance.—L'ane est entete. —Le ble est moulu.—Le Rhone est un fleuve.—La Saone est une riviere.—Le negre est un Africain.—Le boulanger petrit la pate.

# N° III.

### DE L'*y* ET DE L'*h*.

L'*y* a la valeur de l'*i* simple entre deux consonnes, au commencement et à la fin des mots : *yeux, dey, style, tyran;* il a la valeur de deux *i* entre deux voyelles : *moyen, appuyer, payer, rayon. Pays, paysage* se prononcent *pai-is, pai-isage.*

---

(1) Nous ne donnerons dorénavant l'analyse que d'un ou de deux exemples. L'élève devra en faire l'application aux exemp'es suivants, ainsi qu'à tous les cas analogues.

La lettre *h* est dite MUETTE, quand elle n'a aucune valeur, comme dans l'*homme*, l'*histoire*, l'*honneur* ; elle est dite ASPIRÉE, quand elle empêche la liaison du mot qu'elle commence avec celui qui le précède ; la *honte*, la *haine*, le *hameau*, le *hibou*.

### Exemples.

*Hymen.—Hyménée. — Hymne.—Hyacinthe.—Hydraulique.— Hydre. — Hydrogène. — Hydropique.—Biscayen.— Citoyen.—Doyen.—Payen.—Abbaye.—Ayant.--Effrayer. —Nettoyer. — Ecuyer. — Honnêteté.—Honorable. — Habileté. —Habillement. — Habitation.—Habitude.—Haleine. — Hirondelle.—Haricot.—Hachis. — Hallebarde. — Houblon.—Hotte.—Huppe.—Hargneux.—Halle.—Hardi.*

### Lecture.

1. Le *cygne* a le cou fort long.
2. Les *crayons* servent à dessiner.
3. L'*hirondelle* gazouille.
4. Le *hanneton* bourdonne.

ANALYSE. — Dans *cygne*, l'*y* grec équivaut à un *i* simple, parce qu'il est placé entre deux consonnes. Dans *crayons*, il équivaut à deux *i*, parce qu'il est placé entre deux voyelles. Dans *hirondelle*, la lettre *h* est dite *muette*, parce qu'elle ne se fait nullement sentir. Dans *hanneton*, la même lettre est dite *aspirée*, parce qu'elle empêche la liaison du mot qu'elle commence avec celui qui le précède.

### Dictée.

(Souligner et analyser les mots qui font l'objet de la règle.)

L'*herbe* est verte. — L'*homme* joyeux rit. — Le cheval *hennit*.—L'*hirondelle* est un oiseau.— Le *lynx* saute sur les chevreuils. — Les *citoyens* doivent respecter les lois. — L'ombrage est agréable au *voyageur*. — Les *fuyards* sont blessés par derrière. — Le *paysan* robuste se vante de ses forces corporelles. — La gloire est due au *héros*.—Le loup *hurle*.—La *Hesse* est un électorat. — Le *hérisson* peut se rouler. — Le sellier fait des *harnais*.—La *houille* sert au chauffage. — Les *harengs* vivent dans la mer du Nord.— Les *héros* vainquent ou meurent.— L'*hiver* est rigoureux ou doux, sec ou humide. — L'*huile* de baleine est nécessaire au tanneur. —Le fruit du *houblon* est amer. — L'*herbe* fraîche est verte. — Le *hêtre* est un arbre de forêt. — Le *cyprès* est un arbre vert. — L'*hyène* est une bête féroce.

# N° IV.

## DES SYLLABES.

Les mots font entendre un ou plusieurs sons. Dans *mon*, *bon*, *fou*, on n'entend qu'un son pour chaque mot. Dans *canif* on entend deux sons: *ca-nif*. *Prémédité* a quatre sons: *pré-mé-di-té*.

Chacun de ces sons forme une *syllabe*.

Les mots sont partagés en autant de syllabes qu'ils font entendre de sons.

Les mots *mon, bon, fou*, ont chacun une syllabe, puisqu'ils ne font entendre chacun qu'un seul son. *Couteau* a deux syllabes, puisqu'il fait entendre deux sons: *cou-teau*. *Commencement* en a quatre, puisqu'il fait entendre quatre sons: *com-men-ce-ment*.

Un mot d'une syllabe est un *monosyllabe;* un mot de plusieurs syllabes est un *polysyllabe*.

### Exemples.

| | |
|---|---|
| MOTS D'UNE SYLLABE : | *Pain.—Feu.—Mer.—Noix.— Nez.—Pied.—Main.—Pot.* |
| MOTS DE DEUX SYLLABES : | *Souris. —Perdrix.—Joseph.— Paris.—Café.—Tableau.* |
| MOTS DE TROIS SYLLABES : | *Modestie. —Orléans. —Indul- gent. —Étourdi.—Messager.* |
| MOTS DE QUATRE SYLLABES : | *Tranquillité. —Instituteur. — Département.—Crédulité.* |
| MOTS DE CINQ SYLLABES : | *Calomniateur.—Dénonciateur. —Engourdissement.* |
| MOTS DE SIX SYLLABES : | *Épouvantablement. — Imper- ceptiblement.—Imperturba- blement.* |
| MOTS DE SEPT SYLLABES : | *Incommensurablement. — Ex- traordinairement.* |

### Lecture.

1. La religion améliore les hommes. (13 syllabes.)
La re-li-gi-on a-mé-li-o-re les hom-mes.

2. Soyez charitable selon vos moyens. (11 syllabes.)
Soi-iez cha-ri-ta-ble se-lon vos moi-iens.

3. Le Seigneur est plein d'indulgence et de bonté. (13 syl-labes.)

Le Sei-gneur est plein d'in-dul-gen-ce et de bon-té.

4. Les cieux racontent la gloire de l'Éternel. (12 syllabes.)
Les cieux ra-con-tent la gloi-re de l'É-ter-nel.

ANALYSE. — *La* est d'une *syllabe*, parce que ces deux lettres forment un son, et se prononcent par une seule émission de voix. De plus *le* est un *monosyllabe*, parce que c'est un mot d'une seule syllabe. La première phrase a donc treize *syllabes*, puisqu'elle fait entendre treize sons.

### Dictée.

(Diviser les mots en syllabes.)

Levez les yeux et reconnaissez le Créateur de toutes choses. — Dieu a fait la lune pour marquer le temps. — Il a appris au soleil l'heure de son coucher. — La raison est le partage des vieillards; on acquiert la prudence avec les années. — Dieu est infiniment grand. — Les richesses et les honneurs ne viennent que de Dieu.

---

# N° V.

## DE LA PHRASE.

On appelle *phrase* la réunion de plusieurs mots nécessaires pour former un sens complet. *Aimez Dieu* est une phrase composée de deux mots. *Honorez vos parents* est une phrase composée de trois mots.

### Lecture.

1. La pauvreté est compagne de la paresse.
2. L'opulence est le fruit de l'activité.
3. L'homme prudent amasse pendant la moisson.
4. La crainte abat le paresseux.

ANALYSE. — Voilà quatre phrases puisque chacune d'elles forme un sens complet. La première est composée de sept mots; la deuxième de huit; la troisième de sept.

### Dictée.

(Dire de combien de mots se compose chacune des phrases suivantes.)

N'abandonnez ni votre ami ni l'ami de votre père. — L'usage du miel a pris naissance dans les heureux climats de l'Orient. — Chaque fleur fournit un miel particulier. — Le sucre est venu remplacer le miel sur nos tables. — Le miel à tenu lieu de sucre aux Gaulois.—Les Turcs ont des joueurs de marionnettes plus adroits même que les nôtres.—Les fleurs de l'acacia sont blanches et rendent une odeur très-agréable. —Tout le monde possède aujourd'hui des meubles en acajou.—Les premières aiguilles furent fabriquées en Angleterre par un Indien.—Jésus, mourant sur la croix, priait pour ses bourreaux.

## N° VI.

### DES DIFFÉRENTES ESPÈCES DE MOTS.

Tous les mots ne représentent pas la même sorte d'idées : *l'homme joyeux rit*, les mots que renferme cette phrase sont chacun le signe d'une idée particulière ; c'est-à-dire que *homme* nous fait penser à un *être ; joyeux*, à une *qualité* qu'il possède ; *rit*, à une *action* qu'il fait.

Il y a dans la langue française dix espèces différentes de mots qui composent le discours, ce sont :

1° Le *nom* ou *substantif ;* 2° l'*article ;* 3° l'*adjectif ;* 4° le *pronom ;* 5° le *verbe ;* 6° le *participe ;* 7° l'*adverbe ;* 8° la *préposition ;* 9° la *conjonction ;* 10° l'*interjection.*

Ces différentes sortes de mots se trouvent toutes rassemblées dans la phrase suivante :

| | |
|---|---|
| Le. . . . . . . . . . . . . . . | *article.* |
| Temps. . . . . . . . . . . . . | *substantif.* |
| Précieux. . . . . . . . . . . . | *adjectif.* |
| Nous. . . . . . . . . . . . . . | *pronom.* |
| Échappe. . . . . . . . . . . . | *verbe.* |
| Dissipé. . . . . . . . . . . . | *participe.* |
| Souvent. . . . . . . . . . . . | *adverbe.* |
| Dans (le jeu). . . . . . . . . | *préposition.* |
| Et (la folie). . . . . . . . . | *conjonction.* |
| Hélas ! . . . . . . . . . . . | *interjection.* |

On divise tous les mots en mots *variables* et en mots *invariables.*

Les mots *variables* sont ceux dont la terminaison peut changer, tels sont le *substantif*, l'*article*, l'*adjectif*, le *pronom*, le *verbe*, le *participe.*

Les mots *invariables* sont ceux dont la terminaison ne change jamais : tels sont l'*adverbe*, la *préposition*, la *conjonction* et l'*interjection.*

# CHAPITRE PREMIER.

## DU NOM ou SUBSTANTIF.

### N° VII.

On appelle *noms* ou *substantifs* tous les mots qui servent à *nommer*, à désigner une personne ou une chose.

Tout mot auquel on peut attribuer une qualité bonne ou mauvaise est un *substantif*.

Or : je puis attribuer une qualité au mot *homme ;* je puis dire *grand* HOMME, *petit* HOMME ; donc le mot *homme* est un *substantif*.

#### Exemples.

*Prairie* humide.—*Père* indulgent.—*Papier* blanc.—*Vautour* hideux.—*Écolier* étourdi.—*Papillon* léger.—*Terrain* fertile.—*Oiseau* apprivoisé.—*Journée* mémorable.—*Épaisse* fumée.—*Classe* nombreuse.—*Livre* bien relié.—*Voiture* brisée.—*Chien* dressé.—*Homme* célèbre.

#### Lecture.

1. L'*aigle* plane et le *colibri* voltige.
2. Le *bœuf* marche et le *cheval* trotte.
3. La *grenouille* saute et le *serpent* rampe.
4. La *cigogne* craquette et le *pinson* chante.
5. Le *vent* mugit et le *tonnerre* gronde.
6. La *beauté* passe et la *vertu* reste.

ANALYSE. — Dans ces phrases tous les mots imprimés en italique sont des *substantifs*. Il y a donc douze substantifs. *Aigle* est un *substantif*, parce qu'on peut dire un *grand*, un *petit* AIGLE.

#### Dictée.

(Souligner et analyser les substantifs suivants.)

Le *bœuf*, la *vache*, le *taureau*, la *chèvre*, le *bélier*, le *mouton* ont des *cornes*.—Le *cheval*, l'*âne*, le *mulet*, le *zèbre* ont des *sabots*.—Le *chien*, le *chat*, le *cheval*, l'*âne*, la *vache* sont des *animaux* domestiques.—Le *pain*, la *viande*, les *fruits*, les *légumes*, les *œufs* sont des *aliments*.—L'*eau*, la *bière*, le *vin*, le *cidre*, le *lait* sont des *boissons*.—Le *diamant* est le *minéral* le plus dur. — Le *lion* est l'*animal* le plus fort. — Les *prunes* mûrissent en *été*.—Les *serpents* s'engourdissent en *hiver*.—Le *ver* vit dans la *terre*.—Le *bluet* croît dans le *blé*.—L'*or* se trouvedans les *montagnes*.

## N° VIII.

### DU SUBSTANTIF PROPRE ET DU SUBSTANTIF COMMUN.

Il y a deux sortes de substantifs : le substantif *propre*, et le substantif *commun*.

Le substantif *propre* est celui qui distingue un ou plusieurs individus, personnes ou choses, des autres individus de la même espèce ; *Pierre*, *Voltaire*, *Paris*, les *Bourbons*, etc. (1).

Le substantif *commun* est celui qui convient à tous les objets de la même espèce : *homme*, *ville*, *blancheur*, etc.

Les substantifs *propres* doivent toujours commencer par une grande lettre ou majuscule.

**Exemples.**

SUBSTANTIFS PROPRES : *Seine. — Rouen. — Bordeaux. — Londres. — Madrid. — Alsace. — Bourgogne.— Amérique.— Italie.—Jésus-Christ. — Homère. — Napoléon.*

SUBSTANTIFS COMMUNS : *Cheval.— Chien.—Souris.—Pain.— Vin. — Table. — Couteau. — Ciel. — Homme. — Arbre. — Loup. — Pommier.—Poirier.— Papier.—Livre.— Plume.—Chaise.—Fauteuil.*

**Lecture.**

1. Sur les *rives* du GANGE on voit fleurir l'*ébène*.
2. PARIS est la *capitale* de la FRANCE.
3. Le *chou* est originaire de CHYPRE.
4. Le *choufleur* fut introduit en ALLEMAGNE au XVI<sup>e</sup> *siècle*.
5. Le *chocolat* n'a été connu en FRANCE que vers l'an 1653.

ANALYSE. — *Rives* est un substantif *commun*, parce qu'il peut s'appliquer à toutes les *rives; Gange* est un substantif *propre*, parce qu'il sert à distinguer ce fleuve de tous les autres fleuves.

---

(1) Les noms de peuples doivent être regardés comme des noms communs, car *Espagnol*, *Européen* sont à *homme* ce que *peuplier* est à *arbre*.

## Dictée.

(Souligner et analyser les substantifs communs et les substantifs propres.)

Marseille est un port de mer.—Le Tyrol est un comté.—L'Arno est un ruisseau.—Le Sahara est un désert.—La Toscane est un grand-duché.—L'Autriche est un empire.—Turenne, Condé, Catinat, Villars ont acquis par leurs exploits une gloire immortelle.—La première voiture publique a été établie en 1571 : elle allait de Paris à Orléans.—On ne commença à faire du verre à Rome que sous Tibère.

## N° IX.

### DU GENRE DANS LES SUBSTANTIFS.

Il y a deux genres dans les substantifs : le *masculin* et le *féminin*. Les substantifs qui représentent des êtres *mâles* sont du genre *masculin*; les substantifs qui représentent des êtres *femelles* sont du genre *féminin* (1).

### Exemples.

Homme, *femme.* — Cheval, *jument.* — Bœuf, *vache.* — Cerf, *biche.* — Coq, *poule.* — Lion, *lionne.* — Tigre, *tigresse.* — Ane, *ânesse.* — Chien, *chienne.* — Chat, *chatte.* — Loup, *louve.* — Oncle, *tante.* — Neveu, *nièce.* — Frère, *sœur.* — Singe, *guenon.* — Mouton, *brebis.*

### Lecture.

1. L'*homme* n'est ni ange ni bête.
2. La *femme* aime à se parer.
3. Le *bœuf* au pas tardif a la force en partage.
4. La *vache* donne du lait en grande abondance.
5. Le *coq* matinal éveille les hameaux.
6. La *poule* qui va pondre caquette.

ANALYSE. *Homme* est un substantif *masculin*, parce qu'il désigne un être mâle; *femme* est un substantif *féminin*, parce qu'il désigne un être femelle.

(1) Les noms *védette, estafette* sont féminins, quoique désignant des êtres mâles. *Sentinelle,* autrefois féminin, est aujourd'hui des deux genres. Voir *la seconde Grammaire de l'École pratique,* et surtout la magnifique THÉORIE DU GENRE DES NOMS par ÉDOUARD BRACONNIER.

**Dictée.**

(Souligner et analyser les substantifs suivants.)

L'*homme* ravit la laine à la *brebis* paisible. — La *vache* gonfle en paix sa mamelle abondante. — Le *cheval* se repaît dans l'obscurité. — Le *taureau* sous le joug apprit à se plier. — Le *cochon* mange ses petits. — Le *cerf* écoute avec plaisir le flageolet et le chant des bergers. — La *laie* suffit aux besoins de ses nombreux nourrissons. — Le *daim* est un animal moins sauvage que le *cerf*. — La *tigresse* est furieuse lorsqu'on lui ravit ses petits. — La *génisse* en lait pur change le suc des plantes. — Le *lièvre* n'est pas du goût des Orientaux. — Le *lion* est généreux. — La *chèvre* aime à gravir au sommet des coteaux.

---

# N° X.

### GENRE DES SUBSTANTIFS DÉSIGNANT DES CHOSES INANIMÉES.

Cette distinction du genre s'est étendue par imitation aux noms d'objets inanimés, c'est-à-dire qui ne sont ni mâles ni femelles.

Tout substantif devant lequel on peut mettre *le* ou *un* est du genre masculin.

Tout substantif devant lequel on peut mettre *la* ou *une* est du genre féminin.

**Exemples.**

Le *café*. — Le *thé*. — Le *pain*. — Le *vin*. — Le *sel*. — Le *poivre*. — Le *blé*. — Le *feu*. — Le *fer*. — Le *ciel*. — Le *soleil*. — Le *livre*. — Le *château*. — Le *tableau*. — Le *champ*. — Le *hameau*. — Le *bâton*. — Le *chapeau*.

La *table*. — La *pelle*. — La *cerise*. — La *lampe*. — La *laine*. — La *terre*. — La *vigne*. — La *campagne*. — La *mer*. — La *nature*. — La *matière*. — La *violette*. — La *rose*. — La *tulipe*. — La *charrue*. — La *serpette*. — La *ronce*.

**Lecture.**

1. Le *monde* à nos regards déroule ses merveilles.
2. Le *soleil* demeure constamment à la même place.
3. Le *vent* fracasse un chêne ou caresse une fleur.
4. Le *blé* trop tôt semé produit une herbe oisive.
5. La *terre* à nos besoins prodigue ses largesses.
6. La *lune* reçoit toute sa lumière du soleil.
7. La *neige* et la rosée engraissent les campagnes.
8. La *cerise* à regret se marie au laurier.

Analyse. Le sabstantif *monde* est du masculin, parce qu'il est précédé de *le ;* le substantif *terre* est du féminin, parce qu'il est précédé de *la*.

### Dictée.

(Dire le genre des substantifs suivants.)

Le papier.—Le défaut.—La bibliothèque.—Le chemin.— Le poirier. — Le pommier. — Le pêcher. — L'abricotier.— L'amandier. — Le chêne. — L'ormeau. — Le hêtre. — Le bouleau. — Le pin. — Le sapin. — Le mélèze. — La nappe. — La serviette. — La chemise. — La cravate. — Le mouchoir. — Le lit. — La redingote. — La veste. — Le pantalon.

## N° XI.

### FORMATION DU FÉMININ DANS LES SUBSTANTIFS.

Tous les substantifs terminés par une consonne, ainsi que ceux terminés en *é*, en *i* et en *u*, forment leur féminin par l'addition d'un *e* muet (1).

### Exemples.

Un jardinier, une *jardinière.* — Un bien-aimé, une *bien-aimée.* — Un courtisan, une *courtisane.* — Un ami, une *amie.* — Un ingrat, une *ingrate.* — Un bienvenu, une *bienvenue.* — Un habitant, une *habitante.* — Un extravagant, une *extravagante.* — Un Français, une *Française.* — Un Auvergnat, une *Auvergnate.*

### Lecture.

1. Le *serin* est le musicien de la chambre.
2. La *serine* est d'un jaune plus pâle que le serin.
3. On instruit difficilement un *idiot.*
4. C'est une *idiote* selon vous, et, selon moi, un ange.
5. Un homme bon est toujours le *bienvenu.*
6. La fortune est toujours la *bienvenue.*

(1) Toutefois il faut excepter de cette règle : *Bachelier, paysan, vieillot, sot, duc, juif, veuf, mortel, bailli, malin, quaker, abbé, favori, roi,* etc.; qui font au féminin : *Bachelette, paysanne, vieillotte, sotte, duchesse, juive, veuve, mortelle, baillive, maligne, quakeresse, abbesse, favorite, reine,* etc.

Analyse. *Serin* a pris un *e* muet au féminin, parce qu'il est terminé au masculin par une consonne.

### Dictée.

(Substantifs à mettre au féminin.)

C'est un habile ouvrier. — C'était un aimable voisin. — C'est un pauvre orphelin. — C'est un terrible gourmand. — C'est un humble villageois. — C'est un honnête bourgeois. — C'est un estimable ami.— Cet Allemand est probe. — Cet Africain est estimable. — C'est un Espagnol bizarre.

(Substantifs à mettre au masculin.)

C'est une fidèle jardinière. — C'est une pauvre idiote. — C'est une noble marquise. — C'est une aimable Anglaise. — C'est la prisonnière du général. — Cette Allemande est fantasque. — Cette Espagnole est colérique.

## N° XII.

### SUBSTANTIFS TERMINÉS PAR *e* MUET.

Tous les substantifs terminés par un *e* muet ne changent pas de terminaison au féminin, c'est-à-dire qu'ils servent pour le masculin comme pour le féminin.

### Exemples.

Un locataire, *une locataire*. — Un Arabe, *une Arabe*. — Un pensionnaire, *une pensionnaire*. — Un esclave, *une esclave*. — Un camarade, *une camarade*. — Un propriétaire, *une propriétaire*. — Un infidèle, *une infidèle*. — Un malade, *une malade*. — Un élève, *une élève*. — Un coupable, *une coupable*. — Un sauvage, *une sauvage*. — Un impie, *une impie*.

### Lecture.

1. *L'esclave* craint le tyran qui l'outrage.
2. La rime est une *esclave* et ne doit qu'obéir.
3. *L'impie* heureux insulte au fidèle souffrant.
4. Chassez cette *impie* du temple.
5. Le *Spartiate* était ambitieux.
6. Une *Spartiate* mariée sortait toujours voilée.
7. Le *sauvage* même reconnait un Dieu.
8. La simple *sauvage*, l'humble Atala, était à genoux.

ANALYSE. Le substantif *esclave* ne change pas de terminaison au féminin, parce qu'il est terminé par un *e* muet au masculin.

### Dictée.

( Substantifs à mettre au féminin.)

Un propriétaire bizarre. — Ce poitrinaire se meurt. — Cet élève se conduit bien. — Ce sauvage a pris la fuite. — Ce sexagénaire se porte bien. — Ce locataire ne paie jámais. — On trouvera le coupable. — Le malade va beaucoup mieux.

(Substantifs à mettre au masculin.)

C'est une infidèle qu'il faut punir. — Toute coupable est timide. — Ramenez la parjure dans son devoir. — Soyez la fidèle interprète de mes sentiments. — La margrave a fait faire son portrait. — La buffle habite les bois. — La sarigue a la queue assez longue. — C'est une jeune botaniste.

## N° XIII.

### SUBSTANTIFS EN *e* QUI FONT *esse*.

Certains substantifs terminés au masculin par un *e* muet, changent cependant cet *e* en *esse* pour le féminin.

### Exemples.

Ane, *ánesse*.—Tigre, *tigresse*.—Chanoine, *chanoinesse*. —Prince, *princesse*.—Nègre, *négresse*.—Prêtre, *prêtresse*. —Traitre, *traîtresse*.—Ivrogne, *ivrognesse*.—Pauvre, *pauvresse*.—Vicomte, *vicomtesse*.—Comte, *comtesse*.—Maître, *maîtresse*.—Diable, *diablesse*.—Hôte, *hôtesse*.—Pape, *papesse*.—Prophète, *prophétesse*.—Drôle, *drôlesse*.—Mulâtre, *mulâtresse*.—Suisse, *Suissesse*.—Ogre, *ogresse*.

### Lecture.

1. L'*âne* vit vingt-cinq ou trente ans.
2. L'*ânesse* a la voix plus claire que l'âne.
3. Le *tigre* déchire sa proie et dort.
4. La *tigresse* est furieuse en tout temps.

ANALYSE. — *Ane* fait exception à la règle précédente, et change *e* en *esse* au féminin.

## Dictée.

(Substantifs a mettre au féminin.)

Un âne indomptable.—Un tigre farouche.—Un prêtre charitable.—Un Suisse stupide.—Un maître redoutable.—Un pauvre mourant de faim.—Un prince aimable.—Un nègre barbare.

(Substantifs à mettre au masculin.)

C'est une prophétesse.—C'est une mulâtresse.—C'est une ogresse.—C'est une drôlesse.—C'est une comtesse.—C'est une Suissesse.—C'est une prêtresse.—C'est une diablesse. —C'est une traîtresse.—C'est une ivrognesse.—C'est une pauvresse.—C'est une négresse.—C'est une ânesse indocile.

## N° XIV.

### SUBSTANTIFS TERMINÉS PAR *en*, *on*, *et*.

Les substantifs terminués par *en*, *on*, *et*, forment leur féminin en prenant un *e* muet et en doublant la consonne finale (1).

### Exemples.

Un musicien, une *musicienne*.—Un chien, une *chienne*. —Un magicien, une *magicienne*.—Un Italien, une *Italienne*. —Un chrétien, une *chrétienne*.—Un Indien, une *Indienne*. —Un fripon, une *friponne*.—Un lion, une *lionne*.—Un coquet, une *coquette*.—Un muet, une *muette*.

### Lecture.

1. Tout *chrétien* doit se sacrifier à sa religion.
2. Heureuse la *chrétienne* qui n'aime point ce monde.
3. L'*Indien* prosterné bénit le soleil.
4. Il est aisé de tromper une *Indienne*.

ANALYSE. — Le mot *chrétien* étant terminé par *en* forme son féminin en prenant un *e* muet et en doublant la consonne.

(1) Excepté *compagnon*, *patron*, *indiscret*, qui font au féminin *compagne*, *patronne*, *discrète*.

**Dictée.**

( Substantifs à mettre au féminin. )

Ce musicien joue bien.—Ce chien est fidèle.—Ce magicien est bizarre. — Le Parisien est volage. — Cet Italien est crédule.—Ce chrétien est honnête.—Ce gardien est incorruptible.—Ce baron est sévère.—Ce fripon a pris la fuite.—Le pauvre n'en pouvait plus.—Le luron ne craint rien.—Le coquet se ruine.—Le muet est docile.

( Substantifs à mettre au masculin. )

Cette Parisienne me plaît.—Cette muette m'intéresse.—Cette Indienne bénit le soleil.—Cette baronne n'a pas de fierté.—Cette luronne brave tout. — Cette chienne ne me quitte jamais.—Cette magicienne a prédit la vérité.—Cette bohémienne quittera bientôt Paris.—Cette lionne m'a sauvé la vie.—Cette Italienne m'a volé.

---

# N° XV.

### SUBSTANTIFS TERMINÉS EN *eur*.

Un-grand nombre de substantifs terminés en *eur* changent au féminin cette terminaison en *euse*, et cela a lieu toutes les fois qu'on peut changer *eur* en *ant*.

**Exemples.**

Un boudeur, une *boudeuse*.—Un connaisseur, une *connaisseuse*.—Un chanteur, une *chanteuse* (1).—Un danseur, une *danseuse*.—Un voyageur, une *voyageuse*.—Un voleur, une *voleuse*. — Un joueur, une *joueuse*. — Un rieur, une *rieuse*.—Un travailleur, une *travailleuse*.

**Lecture.**

1. C'est un très-grand *connaisseur*.
2. C'est une très-grande *connaisseuse*.
3. C'est un *coureur* infatigable.
4. C'est une *coureuse* infatigable.
5. C'est un agréable *conteur*.
6. C'est une agréable *conteuse*.
7. C'est un éternel *pleureur*.
8. C'est une éternelle *pleureuse*.

---

(1) On dit aussi, *cantatrice*, pour désigner une personne habile dans l'art du chant.

**Analyse.** — *Connaisseur* est du nombre des substantifs qui changent *eur* en *euse* au *féminin*, parce qu'on peut dire *connaissant*.

### Dictée.

(Substantifs à mettre au féminin.)

C'est un intrépide coureur. —Vous êtes un boudeur.— Vous êtes un flatteur. —C'est un terrible tapageur. —Vous êtes un prometteur. —Vous êtes un radoteur.

(Substantifs à mettre au masculin.)

C'est une danseuse. —C'est une revendeuse. —C'est une bredouilleuse. —C'est une emprunteuse honnête. —C'est une chercheuse d'esprit.

## N° XVI.

### DEUXIÈME RÈGLE SUR LES SUBSTANTIFS EN *eur*.

Un grand nombre d'autres substantifs terminés en *eur* forment leur féminin par le changement d'*eur* en *rice* (1).

### Exemples.

Un calomniateur, une *calomniatrice*. —Un débiteur, une *débitrice*. —Un protecteur, une *protectrice*. —Un fondateur, une *fondatrice*. —Un lecteur, une *lectrice*. —Un ambassadeur, une *ambassadrice*. —Un directeur, une *directrice*. —Un spectateur, une *spectatrice*. —Un libérateur, une *libératrice*.

### Lecture.

1. Le dieu des jardins sera votre *instituteur*.
2. Flore sera votre *institutrice*.
3. Un *bienfaiteur* doit être désintéressé.
4. La nature est une *bienfaitrice* inépuisable.
5. On connaît un *acteur* hors de la scène.
6. Cette *actrice* n'égale point M^lle Mars.
7. Jésus-Christ est un *législateur* universel.
8. Les femmes sont les *législatrices* du code moral.

(1) *Bailleur, défendeur, chasseur, devin* ou *devineur, demandeur, enchanteur, pécheur, vengeur*, font : *Bailleresse, défenderesse, chasseresse, devineresse, demanderesse, enchanteresse, pécheresse, vengeresse.*

ANALYSE. — *Instituteur* fait au féminin *institutrice* et non *instituteuse*, parce qu'on ne peut pas dire *institutant*.

### Dictée.

(Substantifs à mettre au féminin.)

C'est un calomniateur. — C'est mon curateur. — C'est son tuteur. — C'est un débiteur insolvable. — C'est un directeur sévère. — C'est un rigide administrateur. — C'est un fidèle conducteur. — C'est un riche protecteur.

(Substantifs à mettre au masculin.)

C'est une sévère examinatrice. — C'est une célèbre actrice. — C'est une ambassadrice. — C'est une tendre consolatrice. — C'est ma libératrice. — C'est notre conciliatrice. — C'est une grande admiratrice. — C'est une cultivatrice.

## N° XVII.

### SUBSTANTIFS TERMINÉS PAR *x*.

Les substantifs terminés par *x* au masculin changent au féminin cette lettre en *se*.

### Exemples.

Un époux, une *épouse*. — Un malheureux, une *malheureuse*. — Un jaloux, une *jalouse*. — Un boiteux, une *boiteuse*. — Un lépreux, une *lépreuse*. — Un paresseux, une *paresseuse*. — Un peureux, une *peureuse*. — Un ambitieux, une *ambitieuse*. — Un audacieux, une *audacieuse*.

### Lecture.

1. Une femme doit mériter l'estime de son *époux*.
2. Une *épouse* fidèle est estimable.
3. Un *paresseux* n'amasse jamais rien.
4. Une *paresseuse* mérite d'être corrigée.

ANALYSE. — *Époux* fait *épouse* au féminin, parce que tous les substantifs terminés par un *x* au masculin, changent au féminin cette lettre en *se*.

### Dictée.

(Substantifs à mettre au féminin.)

C'est mon époux. — C'est un malheureux. — C'est un jaloux. — C'est un boiteux. — C'est un lépreux. — C'est un fiévreux. — C'est un ambitieux. — C'est un peureux. — C'est un dartreux. — C'est un paresseux.

(Substantifs à mettre au masculin.)

C'est une gueuse. — C'est une audacieuse. — C'est une factieuse. — C'est ton épouse. — C'est une paresseuse. — C'est une religieuse. — C'est une goutteuse. — C'est une présomptueuse. — C'est une hargneuse. — C'est une lépreuse. — C'est une peureuse. — C'est une dartreuse. — C'est une fiévreuse. — C'est une boiteuse. — C'est mon épouse.

## N° XVIII.

### DU NOMBRE DANS LES SUBSTANTIFS.

Il y a deux nombres dans les substantifs : le *singulier* et le *pluriel*.

Tout substantif qui ne désigne qu'une *seule personne* ou une *seule chose* est au SINGULIER.

Tout substantif qui fait entendre qu'il s'agit de *plusieurs personnes* ou de *plusieurs choses* est au PLURIEL.

Les mots : *le, un, ce, ma, ta, sa*, annoncent le singulier ; les mots : *les, des, ces, mes, tes, ses*, annoncent le pluriel.

#### Exemples.

Le père, les *pères*. — La mère, les *mères*. — L'enfant, les *enfants*. — La maison, les *maisons*. — Le champ, les *champs*. — Le jardin, les *jardins*. — La table, les *tables*. — La cour, les *cours*. — Le pavé, les *pavés*. — Le nuage, les *nuages*. — Le coq, les *coqs*. — Le pain, les *pains*. — Le couteau, les *couteaux*.

#### Lecture.

1. Un *homme* est assez beau quand il a l'ame belle.
2. Tous les *hommes* sont mortels.
3. Un *bienfait* n'avilit que les cœurs nés ingrats.
4. Les *bienfaits* peuvent tout sur une ame bien née.
5. Le *conseil* le plus prompt est toujours salutaire.
6. Les *conseils* du courroux sont toujours imprudents.

ANALYSE.— Homme est au singulier, parce qu'il ne désigne qu'un seul *homme* ; dans le deuxième exemple, *hommes* est au pluriel, parce qu'il désigne plusieurs *hommes*.

## Dictée.

( Dire à quel nombre sont les substantifs suivants. )

Les grenouilles coassent le soir .— Le rossignol chante la nuit. — Le lézard se tient dans les murs. — Le réséda croît dans les jardins. — La sangsue vit dans les marais. — L'or se trouve dans les montagnes. — Les perles se trouvent dans les huîtres. — Les revenants ne se trouvent nulle part. — Les hirondelles s'envolent en automne. — Les serpents s'engourdissent en hiver. — Les prunes mûrissent en été. — L'usage des boissons fortes est nuisible à la santé du jeune homme. — La jouissance des plaisirs innocents nous est permise. — Les pommes, les poires, les prunes, les cerises, les pêches, les abricots sont des fruits. — Les métaux, les pierres, la terre et la plupart des corps solides sont opaques. — La farine, l'eau, le lait, le sel, le beurre, les œufs, sont des matières nécessaires au boulanger.

---

# N° XIX.

### FORMATION DU PLURIEL DANS LES SUBSTANTIFS.

Le pluriel dans les substantifs se forme en général par l'addition d'un *s*, quels que soient leur genre et leur terminaison (1).

### Exemples.

L'oranger, les *orangers*. — La fleur, les *fleurs*. — La mouche, les *mouches*. — Le clou, les *clous*. — Le tilleul, les *tilleuls*. — Le soldat, les *soldats*. — L'œuf, les *œufs*. — Le jardin, les *jardins*. — L'ami, les *amis*. — L'acacia, les *acacias*. — Un écu, des *écus*. — Une maison, des *maisons*. — Une rose, des *roses*. — Un hortensia, des *hortensias*. — Un coucou, des *coucous*.

### Lecture.

1. La *vérité* est la lumière de l'esprit.
2. Toutes les *vérités* ne sont pas bonnes à dire.
3. Un *sot* trouve toujours un plus sot qui l'admire.

---

(1) Les substantifs terminés par *ant* et par *ent* peuvent perdre le *t* au pluriel ; ainsi l'on écrit : les *enfans*, les *présens*, ou les *enfants*, les *présents*. Cette suppression du *t* a quelques inconvénients, il vaut mieux s'en abstenir.

4. Les *sots* depuis Adam sont en majorité.
5. La *vertu* a beaucoup de prédicateurs.
6. Les *vertus* se perdent dans l'intérêt.

**ANALYSE.** — *Vérité*, fait au pluriel *vérités*, parce que pour former le pluriel des substantifs il suffit d'ajouter un *s* au singulier.

### Dictée.

(Substantifs à mettre au pluriel.)

Le dé. — La soupière. — L'assiette. — L'aiguille. — La scie. — La serpette. — Le pain. — Le globe. — Le sapin. — Le crocodile. — Le singe. — Le ver. — La montagne. — Le cuir. — Le chat. — La chèvre. — Le cochon. — Le bœuf. — L'âne. — Le chevreuil. — Le sanglier. — L'abeille. — La fourmi. — Le tigre. — Le lion. — La pie. — Le coq. — Le renard. — Le rossignol. — L'hirondelle. — Le serpent. — Le hanneton. — La vague. — L'écureuil. — Le papillon. — L'alouette. — Le milan. — Le blé. — Le rasoir. — Le chariot. — Le champ. — Le chiffon. — Le soldat. — La prairie. — Le prisonnier. — L'allée. — Le raisin. — Le hareng. — L'aigle. — Le saule. — La pomme. — Le sofa. — Le vin. — Le charpentier. — L'enfant. — L'orateur. — Le roi. — Le citoyen. — Le chrétien. — Le berger. — L'hortensia. — L'acacia. — L'écu. — Le sou. — Le fauteuil. — Le détail. — Le sérail. — L'araignée. — Le rat. — Le poisson. — Le cou. — La beauté. — Le pâté. — Le voyageur.

---

## N° XX.

### EXCEPTIONS A LA RÈGLE PRÉCÉDENTE.

Les substantifs suivants : *chou, pou, genou, caillou, hibou,* font au pluriel : *choux, poux, genoux, cailloux, hiboux.*

*Travail, soupirail, bail, corail, émail, vantail,* font leur pluriel en *aux : travaux, soupiraux, baux, coraux, émaux, vantaux.*

*Ail* fait *aux*; mais ce pluriel est rarement usité; on dit mieux des *gousses d'ail.*

*Aïeul* fait *aïeux*, dans le sens d'ancêtres; mais on dit les deux *aïeuls*, pour désigner le grand-père paternel et le maternel; de là : *bisaïeuls, trisaïeuls,* mots qui n'ont pas d'autre pluriel.

*Œil* fait au pluriel *yeux*; mais on dit : des *œils-de-bœuf* (lucarnes ou ovales), des *œils-de-perdrix* (terme de broderie), etc.

*Ciel* fait *cieux*; mais on dit: des CIELS *de lits*, de carrières, de tableaux; on dit même dans le sens de climat: *les ciels*.

### Lecture.

1. Le *chou* est le mets favori du pauvre.
2. Les *choux* de Strasbourg sont renommés.
3. Le *travail* est la vie de l'homme.
4. Les *travaux*-nécessaires sont ceux de la campagne.
5. Dans les plaines du *ciel* Dieu sema la lumière.
6. Que la terre est petite à qui la voit des *cieux*!
7. L'Italie est sous un des plus beaux *ciels* de l'Europe.

ANALYSE. — *Chou* prend un *x* au pluriel, contrairement à la règle précédente.

### Dictée.

#### (Substantifs à mettre au pluriel.)

Le travail est fructueux. — Ce vantail est ouvert. — Le soupirail est bouché. — Ce bail est onéreux. — L'œil de bœuf est gros. — Le ciel est brillant. — Le chou est indigeste. — Le genou est souple. — Le hibou est triste. — Le caillou est dur. — Mon aïeul a rendu des services à Henri IV.

#### (Substantifs à mettre au singulier.)

Les coucous sont désagréables. — Les cieux. — Les choux. — Les genoux. — Les cailloux. — Les hiboux. — Les travaux. — Les soupiraux. — Les baux. — Les coraux. — Les émaux. — Les vantaux. — Les aïeux. — Mes aïeuls. — Mes bisaïeuls. — Mes yeux. — Les œils-de-bœuf.

---

## N° XXI.

PLURIEL DES SUBSTANTIFS TERMINÉS PAR *eau, eu, au.*

Les noms terminés par *eau*, *eu*, *au*, prennent un *x* au pluriel.

### Exemples.

Un agneau, des *agneaux*. — Un arbrisseau, des *arbrisseaux*. — Un gâteau, des *gâteaux*. — Un hameau, des *hameaux*. — Un marteau, des *marteaux*. — Un troupeau, des *troupeaux*. — Un noyau, des *noyaux*. — Un ciseau, des *ciseaux.* — Un gluau, des *gluaux.* — Un tuyau, des *tuyaux.* — Un adieu, des *adieux.* — Un aveu, des *aveux.* — Un Dieu, des *Dieux.* — Un neveu, des *neveux.*

### Lecture.

1. Le *chameau* a deux bosses.
2. Les *chameaux* portent un millier.
3. La vie de l'homme ne tient qu'à un *cheveu.*
4. Il faut prendre l'occasion aux *cheveux.*
5. Le *Dieu* des chrétiens est un Dieu d'amour et de paix.
6. Les *Dieux* tiennent entre leurs mains le sort des hommes.

ANALYSE.— On met un *x* au pluriel du substantif *chameau,* parce qu'il est terminé au singulier par *au.*

### Dictée.

( Substantifs à mettre au pluriel. )

Ce tableau est nouveau. — Ce joyau est beau. — L'aloyau est succulent. — Le tréteau est solide. — Le pieu est pointu. — Le jeu est agréable. — Le seau est de douze pintes. — Le tonneau est plein. — Ce vœu est téméraire. — Ce manteau est chaud. — Cet aveu est tardif. — Le vaisseau est rapide. — Le couteau est tranchant. — L'étau est serré. — Ce rideau est bleu. — Le poireau est bulbeux. — Le roseau est pliant. — Le bouleau est flexible. — Le chameau est bossu. — Le noyau est dur. — Le tuyau est creux. — Ce château est magnifique. — Le bureau. — Le drapeau. — Le flambeau. — Le moineau. — Le corbeau. — Le tableau. — Le chapiteau. — Le bateau. — Le moyeu. — Le feu. — L'adieu. — Le cheveu. — Le milieu. — Le neveu.

( Substantifs à mettre au singulier. )

Les agneaux sont doux. — Les taureaux sont farouches. — Les louveteaux sont méchants. — Les unaux sont paresseux. — Les pruneaux sont sains. — Les bateaux sont construits. — Les noyaux sont durs. — Les tuyaux sont creux. — Les essieux sont rompus. — Ces châteaux sont beaux. — Ces lieux sont fameux. — Ces cheveux sont roux. — Mes neveux sont jaloux. — Ces hameaux sont bien situés. — Ces caveaux sont humides. — Ces hoyaux sont pesants.

# N° XXII.

## PLURIEL DES SUBSTANTIFS EN *al*.

Les substantifs terminés au singulier par *al* changent cette désinence en *aux* (1).

### Exemples.

Un animal, des *animaux*. — Un canal, des *canaux*. — Un cheval, des *chevaux*. — Un maréchal, des *maréchaux*. — Un rival, des *rivaux*. — Un tribunal, des *tribunaux*. — Un cardinal, des *cardinaux*. — Un métal, des *métaux*. — Un hôpital, des *hôpitaux*. — Un général, des *généraux*. — Un minéral, des *minéraux*. — Un piédestal, des *piédestaux*.

### Lecture.

1. Un *rival* sans talent partout voit des défauts.
2. Des *rivaux* vertueux sont souvent admirés.
3. L'or est un *métal* que l'univers adore.
4. Les *métaux* sont arrachés des entrailles de la terre.
5. Souvent d'un moindre *mal* on tombe dans un pire.
6. A raconter ses *maux* souvent on les soulage.

ANALYSE. — *Rival* fait *rivaux* au pluriel, parce que les substantifs terminés en *al* changent, au pluriel, cette terminaison en *aux*.

### Dictée.

( Substantifs à mettre au pluriel. )

Le cristal est blanc. — Le cheval est belliqueux. — Le général est courageux. — Le procès-verbal est dressé. — L'arsenal est bien muni. — Le bocal est fragile. — Le tribunal est inflexible. — Le cardinal est bienfaisant. — Le fanal est allumé. — Le métal est fondu. — Ce piédestal est solide. — Le vassal est soumis. — Le canal est nettoyé. — Le chacal déterre les cadavres.

( Substantifs à mettre au singulier. )

Les locaux sont spacieux. — Les hôpitaux sont les asiles des pauvres. — Ces provinciaux sont niais. — Ces Proven-

(1) Exceptions : *Chacal, caracal, narval, serval, pipal, nopal, cérémonial, régal, carnaval*, font au pluriel : *Chacals, caracals, narvals, servals, pipals, nopals, cérémonials, régals, carnavals.*

çaux sont vifs. — Ces madrigaux sont bien tournés. — Les signaux sont donnés. — Les rivaux sont supplantés. — Ces maréchaux sont maladroits. — Les journaux sont mal rédigés. — Ces animaux sont industrieux.

## N° XXIII.

### SUBSTANTIFS TERMINÉS PAR *s*, *x*, *z*.

Les substantifs terminés au singulier par *s*, *x*, *z*, ne changent pas de terminaison au pluriel.

### Exemples.

Un pays, des *pays*. — Un rubis, des *rubis*. — Une noix, des *noix*. — Un Anglais, des *Anglais*. — Un repas, des *repas*. — Un crucifix, des *crucifix*. — Une croix, des *croix*. — Un propos, des *propos*. — Un radis, des *radis*. — Un cyprès, des *cyprès*. — Un excès, des *excès*. — Une perdrix, des *perdrix*. — Un os, des *os*. — Un bois, des *bois*.

### Lecture.

1. Le *remords* est cuisant.
2. Les *remords* sont cruels.
3. L'*abus* gâte tout.
4. Les *abus* deviennent souvent des lois.
5. Le *rhinocéros* est intraitable.
6. Les *rhinocéros* sont intraitables.

ANALYSE. — *Remords* ne change pas de terminaison au pluriel, parce qu'il est terminé au singulier par *s*.

### Dictée.

(Substantifs à mettre au pluriel.)

Le commis est fidèle. — Le curieux est à craindre. — L'époux est jaloux. — Le succès est douteux. — L'excès est condamnable. — Ce propos est inconsidéré. — L'engrais est mauvais. — Le fils est soumis. — Le procès est perdu. — Cet avis est judicieux. — Le palais est spacieux. — L'os est fracturé. — Le héros est invincible. — Le nez est camus. — L'abcès est crevé. — Ce tapis est vieux. — L'abus est criant.

(Substantifs à mettre au singulier.)

Ces gueux sont dangereux. — Ces repas sont fort somptueux. — Leurs bras sont nerveux. — Les puits sont secs. — Les velours sont soyeux. — Les ananas sont exquis. — Ces lambris sont dorés. — Les chasselas sont sucrés. — Ces gaz sont méphitiques. — Ces marais sont pestilentiels. — Les rubis sont précieux. — Ces taillis sont épais. — Ces salsifis sont excellents.

## QUESTIONNAIRE.

(Le numéro de la question correspond au numéro de la règle.)

1. Qu'est-ce que la Grammaire? — Qu'est-ce que parler? — Qu'est-ce qu'écrire? — A quoi servent les lettres? — Qu'est-ce qu'un mot? — Est-il facile de compter les mots d'une phrase? — Combien y a-t-il de mots dans : *Dieu créa le monde en six jours?*

2. Combien y a-t-il de sortes de lettres? — Quelles sont les voyelles? Quelles sont les consonnes? — Qu'est-ce qu'une voyelle? — Qu'est-ce qu'une consonne? — Combien y a-t-il d'espèces d'*e?*

3. Quelle est la valeur de l'*y?* — Quand la lettre *h* est-elle muette? — Quand est-elle aspirée?

4. Qu'est-ce qu'une syllabe? — Qu'est-ce qu'un monosyllabe? — Un polysyllabe?

5. Qu'est-ce qu'une phrase?

6. Tous les mots expriment-ils la même sorte d'idées? — Combien y a-t-il de sortes de mots? — Qu'est-ce qu'un mot variable? — Un mot invariable?

7. Qu'est-ce qu'un substantif?

8. Qu'est-ce qu'un substantif propre? — Un substantif commun? — Les substantifs propres s'écrivent-ils de la même manière que les substantifs communs?

9. Combien y a-t-il de genres dans les substantifs? — Qu'est-ce que le masculin? — Qu'est-ce que le féminin?

10. Comment connaît-on le genre des substantifs désignant des êtres inanimés?

11. Comment forme-t-on le féminin des substantifs terminés par consonne ou par *é, i, u?*

12. Comment se forme le féminin dans les substantifs masculins terminés par un *e* muet?

13. Quelles sont les exceptions?

14. Quel est le féminin des substantifs terminés par *en, on, et?*

15. Quel est le féminin des substantifs en *eur ?*

16. Quelles sont les exceptions?

17. Comment les substantifs terminés au masculin par *x* font-ils au féminin?

18. Combien y a-t-il de nombres dans les substantifs? — Quand met-on un substantif au singulier? — Quand le met-on au plu-

riel? — Qu'est-ce qui annonce le singulier? — Qu'est-ce qui annonce le pluriel?

19. Comment se forme le pluriel dans les adjectifs?

20. Quelles sont les exceptions?

21. Quel est le pluriel des substantifs en *eau, eu, au*?

22. Quel est le pluriel des substantifs en *al*? — Quelles sont les exceptions?

23. Comment se forme le pluriel des substantifs terminés par *s, x, z*?

---

# CHAPITRE DEUXIÈME.

## DE L'ARTICLE.

### N° XXIV.

L'article est un mot que l'on place devant les substantifs pour en déterminer la signification, et qui sert en même temps à en faire connaître le nombre, et quelquefois le genre.

Il y a deux sortes d'articles, les articles *simples* et les articles *composés* ou *contractés*.

Les articles simples sont : *le, la, les.*

Les articles composés ou contractés sont *du, des, au, aux.* On les appelle articles *contractés,* parce qu'ils renferment deux mots en un seul.

#### Lecture.

1. *Le* ruisseau coule dans *la* rivière.
2. *La* rivière se jette dans la mer.
3. *Les* crayons servent à dessiner.
4. *La* racine *du* saule est fibreuse.
5. *La* tige *des* pommes de terre est tuberculeuse.
6. *La* guerre est nuisible *au* commerce.
7. *La* légèreté est nuisible *aux* arts.

ANALYSE. — L'article *le,* dans le premier exemple, fait connaître que le substantif *ruisseau* est masculin et singulier.

#### Dictée.

(Souligner et analyser les articles suivants.)

*La* loupe sert *au* botaniste.—*La* broche sert à rôtir.—*Les*

aiguilles servent à coudre.—*Les* plumes servent à écrire.
—*Les* ailes servent à voler.—*La* bêche sert *au* jardinier.—
*La* houille sert *au* chauffage.—*Le* marbre sert *au* sculpteur.
—*Le* ver vit dans la terre.—*Le* coq chante *le* matin.—*Les*
grenouilles coassent *le* soir.—*Le* lâche s'effraie *du* moindre
danger.—*La* beauté passe et *la* vertu reste.—*Les* serpents
nagent ou rampent.—*Le* boucher tue *les* veaux, *les* bœufs,
*les* vaches, *les* agneaux, *les* moutons.—*Le* boulanger cuit
*du* pain bis, *du* pain blanc, *du* pain de seigle, *des* gâteaux,
*des* pains *au* lait.—*Les* noix sont un fruit agréable *aux* enfants, *aux* singes, *aux* écureuils, *aux* souris.

<hr>

## N° XXV.

### DES ARTICLES SIMPLES *le, la, les.*

*Le* se met devant un substantif masculin singulier.
*La* se met devant un substantif féminin singulier.
*Les* sert pour les deux genres au pluriel.

### Exemples.

*Le* chat.—*La* chatte.—*Les* chats.—*Les* chattes.—*Le* chien.
—*La* chienne.—*Les* chiens.—*Les* chiennes.—*Le* cheval.—
*La* jument.—*Les* chevaux.—*Les* juments.—*Le* cerf.—*La*
biche.—*Les* cerfs.—*Les* biches.—*Le* bœuf.—*La* vache.—
*Les* bœufs.—*Les* vaches.—*Le* rosier.—*La* tulipe.—*Les* ro-
siers.—*Les* tulipes.

### Lecture.

1. *Le* dé est carré.
2. *Les* dés sont carrés.
3. *La* soupière est creuse.
4. *Les* soupières sont creuses.
5. *Le* sapin est élancé.
6. *Les* sapins sont élancés.

ANALYSE.—On met *le* devant *dé,* parce que ce substantif
est du masculin singulier. On met *la* devant *soupière,* parce
que ce substantif est féminin singulier. On met *les* devant
*dés,* parce que ce substantif est du masculin pluriel. On met
*les* devant *soupières,* parce que ce substantif est du féminin
pluriel

## Dictée.

(Mettre les articles *le, la, les,* devant les mots ci-après, suivant le genre et le nombre.)

Père—frère—mère—mouchoir—rivière—fusil—montagne —crayon—campagne—jardin—papier—plume—cigogne— ministres—parfums—clefs—chaumières—physiciens—fontaines—baïonnettes—musées—familles—feuilles—orphelins—usages—officiers—éléphants—joyau—noyau—tuyau —drapeaux—vœu—bal—ciel—bail—corail—agneaux—chapeaux—choux—hibou—travail—flatterie—bouvreuil—chicorée—lapereau—pavillon—chardonneret—poule—rose—fleur—papillon—cailloux.

---

## N° XXVI.

### DE L'ÉLISION DE LA LETTRE FINALE DES ARTICLES *le* ET *la*.

On remplace la voyelle des articles *le* et *la* par une apostrophe lorsque le mot suivant commence par une voyelle ou par un *h* muet. Ce retranchement des lettres *e*, *a*, s'appelle *élision*.

### Exemples.

*L'amitié* pour *la amitié.*—*L'eau* pour *la eau.*—*L'orange* pour *la orange.*—*L'image* pour *la image*—*L'humanité* pour *la humanité.*—*L'argent* pour *le argent.*—*L'éléphant* pour *le éléphant.*—*L'or* pour *le or.*—*L'indigo* pour *le indigo.*—*L'âne* pour *le âne.*—*L'ivoire* pour *le ivoire.*—*L'usage* pour *le usage.*—*L'hospice* pour *le hospice.*

### Lecture.

1. *L'aiguille* est pointue.
2. *L'or* est jaune.
3. *L'indigo* est bleu.
4. *L'herbe* est verte.

ANALYSE.—On dit *l'aiguille* pour *la aiguille*, parce que le mot *aiguille* commence par une voyelle.

### Dictée.

(Placer l'article devant les mots ci-après.)

Agneau—hirondelle—aigle—abeille—oseille—alun—hypocrite — amiante — Italie — Alsace — Autriche — Arno — Indien — enfant — entêté — onde — essieu — âne — écureuil — eau — abeille — air — herbe — hirondelle — homme — honneur — héros — hache — haine — haie — halle — halte — hanche — harangue — harpe — hotte — honte — huche — horde — huée — houblon — haillon — hanneton — haquet — hangar — usage — hospitalité — humeur.

## N° XXVII.

### DES ARTICLES COMPOSÉS *du*, *des*, *au*, *aux*.

*Du* pour *de le*, et *au* pour *à le* se mettent devant les mots commençant par une consonne ou par un *h* aspiré ; on emploie au contraire *de l'*, *à l'*, toutes les fois que la première lettre du mot suivant est une voyelle ou un *h* muet. On emploie *des* et *aux* pour *de les*, *à les*, devant tous les mots pluriels, quelle que soit leur lettre initiale. *Le* ne se contracte que devant une consonne ; *la* ne se contracte jamais. On appelle *contraction* la réunion de deux syllabes.

### Exemples.

*Du pain* pour *de le pain*. — *Du héros* pour *de le héros*. — *Au roi* pour *à le roi*. — *Au héros* pour *à le héros*. — *Des roses* pour *de les roses*. — *Des œufs* pour *de les œufs*. — *De l'orgueil* pour *de le orgueil*. — *De l'amitié* pour *de la amitié*. — *De l'héritier* pour *de le héritier*. — *A l'avenir* pour *à le avenir*. — *A l'odeur* pour *à la odeur*. — *Des hommes* pour *de les hommes*. — *Des héros* pour *de les héros*.

### Lecture.

1. La vache donne *du* lait.
2. L'agent de change procure *de l'*argent.
3. L'ombrage est agréable *au* voyageur.
4. La sécheresse est nuisible *à l'*herbe.
5. Le chat prend *des* souris.
6. La gelée est nuisible *aux* fleurs.

ANALYSE. — On dit *du lait* et non *de le lait*, parce que *lait* commence par une consonne. On dit *de l'argent* et non *de le argent*, parce que *argent* commence par une voyelle.

### Dictée.

(Corriger les fautes sur l'article.)

*Le* étain sert *à le* étamage. — Le scalpel sert *à le* chirurgien. — *La* racine *de le* saule est fibreuse. — *La* tige *de le* lierre est grimpante. — *La* gloire est due *à le* héros. — *Le* esclavage est nuisible *à les* progrès. — *Le* chanvre est nuisible *à les* poissons. — *La* reconnaissance est due *à le* bienfaiteur. — *La* loupe sert *à le* botaniste. — *La* racine *de le* groseillier est rouge. — *La* tige *de les* pommes de terre est tuberculeuse. — *Les* feuilles *de le* rosier sont composées. — *Les* foulards *de les* Indes sont très-recherchés. — *La* tête *de le* chat est ronde. — *Le* pelage *de la* hermine est blanc. — *Le* poivre sert *à le* assaisonnement. — *Les* livres servent *à la* instruction.

## QUESTIONNAIRE.

**24.** Qu'est-ce que l'article? — Combien y a-t-il de sortes d'articles? — Quels sont les articles simples? — Quels sont les articles composés ou contractés?

**25.** Devant quels mots met-on *le, la, les*?

**26.** Dans quels cas retranche-t-on les lettres *e, a*, dés articles *le* et *la*? — Comment nomme-t-on ce retranchement?

**27.** De quoi sont composés les articles *au* et *du*? — Devant quels mots place t-on ces deux articles? — Qu'appelle-t-on *contraction*? — Devant quels mots la contraction de l'article n'a-t-elle pas lieu? — De quoi sont composés les articles *aux* et *des*? — Devant quels mots se placent ces articles?

# CHAPITRE TROISIÈME.

## DE L'ADJECTIF·

### N° XXVIII.

L'adjectif est un mot qui marque la qualité ou la manière d'être de la personne ou de la chose désignée par le substantif auquel il se rapporte.

Tout mot qui ajoute au substantif une qualité bonne ou mauvaise, et devant lequel on peut placer *il est très*, est un ADJECTIF (1).

---

(1) *Bien, mal, loin, près* forment exception ; remarquez aussi que *il est très,* doit signifier *cet individu est très, cet objet est très...*

## Exemples.

Prêtre *vénérable*. — *Bon* roi. — Soldat *courageux*. — Sciences *utiles*. — Peinture *agréable*. — Cœur *compatissant*. — Marais *fangeux*. — Montagnes *élevées*. — Bataille *sanglante*. — *Doux* sommeil. — Pluies *abondantes*. — Cœurs *endurcis*. — Puissance *souveraine*. — Entreprises *glorieuses*.

## Lecture.

1. L'homme *sage* met sa confiance en Dieu.
2. La *véritable* sagesse réside en Dieu.
3. Dieu passe notre *faible* intelligence.
4. Faites un *bon* usage du temps.
5. Le *vrai* repos dépend d'une conscience *pure*.
6. Notre corps est *mortel*, et notre ame *immortelle*.

ANALYSE. — *Sage* est un adjectif, 1° parce qu'il ajoute une qualité au substantif *homme*; 2° parce qu'on peut dire : IL EST TRÈS *sage*.

## Dictée.

(Souligner et analyser les adjectifs suivants.)

La belle rose. — Les respectueux hommages. — Les verts bosquets. — Les audacieux géants. — Le petit Savoyard. — La belle rose. — Les bons fruits. — La noire mélancolie. — Les mauvaises plaisanteries. — La sainte religion. — La divine providence. — Les sombres forêts. — Les bons maîtres. — Les fidèles domestiques. — Les enfants obéissants. — La sage résolution. — La tendre mère. — Le beau pont. — La magnifique cathédrale. — Le vertueux pasteur. — La grande armée. — Les belles villes. — Les innocentes bergères. — Les desseins criminels. — La belle saison. — Les bonnes poires. — La musique charmante. — Les bons offices. — Les prairies verdoyantes. — Le brillant cortège. — La petite fille. — Les vieux soldats. — Les jeunes élèves. — Les lions féroces.

## N° XXIX.

### ACCORD DE L'ADJECTIF AVEC LE SUBSTANTIF.

L'adjectif n'a par lui-même ni genre, ni nombre; mais comme il sert à qualifier les personnes et les choses, il prend le *genre* et le *nombre* du substantif auquel il se rapporte.

Tout adjectif qui qualifie un substantif masculin se met au *masculin ;* tout adjectif qui qualifie un substantif féminin se met au *féminin ;* tout adjectif qui qualifie un substantif singulier se met au *singulier ;* tout adjectif qui qualifie un substantif pluriel se met au *pluriel.*

### Exemples.

*Grand* homme. — *Grande* femme. — *Grands* hommes. — *Grandes* femmes. — *Puissant* seigneur. — *Puissante* dame. — *Puissants* seigneurs. — *Puissantes* dames. — Garçon *obéissant.* — Fille *obéissante.* — Garçons *obéissants.* — Filles *obéissantes.* — *Petit* arbre. — *Petite* feuille. — *Petits* arbres. — *Petites* feuilles.

### Lecture.

1. Partout la jalousie est un être *odieux.*
2. De tout vœu forcé la chaîne est *odieuse.*
3. Le monde est *menteur.*
4. La colère est toujours *menteuse.*
5. Un pauvre qui sollicite est toujours *importun.*
6. Hélas ! aux gens heureux la plainte est *importune.*

ANALYSE. — Dans le premier exemple, *odieux* est au masculin singulier, parce qu'il qualifie *être,* qui est du masculin et au singulier. Dans la seconde phrase, *odieuse* est au féminin singulier, parce qu'il qualifie *chaîne,* qui est du féminin et au singulier.

### Dictée.

(Analyser les adjectifs suivants.)

Une belle rose. — Un beau jardin. — Un excellent fruit. — Une mauvaise plaisanterie. — Des vents favorables. — Des nuits profondes. — Une petite maison. — Des habitations étroites. — Une personne obligeante. — Un pays froid. — La belle saison. — Les beaux jours. — Des désirs imprudents. — Des enfants polis. — Un nouvel habit. — Des brebis égorgées. — Des amis sincères. — Un fils respectueux. — De noirs cachots. — Une chambre meublée. — Une femme spirituelle. — Un habit magnifique. — Des vases dorés. — De la viande crue. — Une glace unie. — Une noix verte. — Un arbre vert. — Un soldat mutin. — Les gardes nationaux. — Des eaux limpides. — Des yeux vifs. — Un oiseau craintif. — Un froid excessif. — Une robe neuve. — Un lion cruel. — Des odeurs pestilentielles. — Des connaissances réelles. — Une amie discrète.

## N° XXX.

### FORMATION DU FÉMININ DANS LES ADJECTIFS.

Tous les adjectifs, quelle que soit leur terminaison, forment leur féminin en prenant seulement un *e* muet (1).

### Exemples.

Un rêve *charmant*. Une comédie *charmante*. — Un *mauvais* exemple. — Une *mauvaise* affaire. — Un air *commun*. — Une tournure *commune*. — Un son *clair*. — Une voix *claire*. — Un tempérament *délicat*. — Une santé *délicate*. — Un *dernier* soupir. — Une *dernière* plainte. — Un rang *obscur*. — Une chambre *obscure*.

### Lecture.

1. Il n'est pas toujours bon d'avoir un *haut* emploi.
2. Une *haute* fortune est toujours dangereuse.
3. Après un bon repas le sommeil est *profond*.
4. La douleur la plus *profonde* a ses intermittences.
5. Le jour n'est pas plus *pur* que le fond de mon cœur.
6. Le lis croît sur le bord d'une onde *pure*.

ANALYSE. — *Haut* fait *haute* au féminin, parce que pour former le féminin des adjectifs il suffit d'ajouter un *e* muet au masculin.

### Dictée.

(Mettre au féminin les adjectifs suivants.)

L'assiette est *plat*. — L'aiguille est *pointu*. — La scie est *denté*. — La règle est *droit*. — La serpette est *crochu*. — L'herbe est *vert*. — La fonte est *noir*. — La brebis est *patient*. — L'abeille est *diligent*. — La lumière du fanal est *éblouissant*. — La structure du granit est *grenu*. — La tête du chat est *rond*. — La poix est *gluant*. — La gaze est *transparent*. — Une vie *débauché* est préjudiciable à notre santé. — Le lièvre a la tête *arrondi*. — Le cheval a la queue *touffu*.

(1) Les adjectifs terminés en *er* prennent un accent grave sur l'*e* qui précède la lettre *r* ; un homme *fier*, une femme *fière*.

On surmonte d'un tréma ( ¨ ) l'*e* qu'on ajoute au féminin des adjectifs terminés en *gu* ; un accent *aigu*, une douleur *aiguë*. *Dû* et *crû*, qui ont un accent circonflexe au masculin, le perdent au féminin : cette somme est *due*, la rivière est *crue*. — *Coi* et *favori* font *coite* et *favorite*.

# N° XXXI.

### FÉMININ DES ADJECTIFS TERMINÉS PAR *e* MUET.

Tout adjectif terminé au masculin par un *e* muet ne change pas de terminaison au féminin ; on l'appelle adjectif de tout genre (1).

### Exemples.

Un air *agréable*. — Une voix *agréable*. — Un homme *bizarre*. — Une femme *bizarre*. — Un regard *céleste*. — Une bonté *céleste*. — Un cheval *docile*. — Une écolière *docile*. — Un ami *fidèle*. — Une *fidèle* épouse. — Un regard *modeste*. — Une beauté *modeste*.

### Lecture.

1. La liberté fait le bonheur *suprême*.
2. Le salut du peuple est la loi *suprême*.
3. Le véritable esprit doit être brillant et *solide*.
4. Sans l'estime il n'est point de *solide* amitié.
5. L'ennemi le plus *terrible* est celui qui se tait.
6. Conscience *terrible !* On ne peut t'échapper.

ANALYSE. — *Suprême* ne change pas au féminin, parce que ce mot est terminé au masculin par un *e* muet ; c'est un adjectif des deux genres.

### Dictée.

(Mettre les expressions suivantes au féminin.)

Un jeune jardinier. — Un perruquier bizarre. — Un prisonnier docile. — Un messager fidèle. — Un aimable souverain. — Un idiot comique. — Un ouvrier médiocre. — Un bavard insupportable. — Un voisin incommode. — Un marchand honnête. — Un Africain perfide. — Un gourmand effroyable. — Un Auvergnat probe. — Un mendiant humble. — Un riche Anglais. — Un pauvre Américain. — Un triste intrigant. — Un villageois agile. — Un noble héritier. — Un célèbre musicien. — Un illustre baron.

_________________

(1) Exceptions : *Traître, diable* et *maître*, font *traîtresse, diablesse, maîtresse*.

# N° XXXII.

### FÉMININ DES ADJECTIFS TERMINÉS PAR *x*.

Le féminin des adjectifs terminés par *x* se forme en changeant *x* en *se* ( prononcez *ze* ) (1).

### Exemples.

Un cœur *vertueux*. — Une épouse *vertueuse*. — Un auteur *orgueilleux*. — Une réponse *orgueilleuse*. — Un ami *malheureux*. — Une existence *malheureuse*. — Un conquérant *ambitieux*. — Une politique *ambitieuse*. — Un conseil *dangereux*. — Une société *dangereuse*. — Un être *odieux*. — Une sévérité *odieuse*. — Un mari *soupçonneux*. — Une ame *soupçonneuse*. — Un air *harmonieux*. — Une voix *harmonieuse*. — Un soldat *courageux*. — Une armée *courageuse*. — Un rival *généreux*. — Une conduite *généreuse*.

### Lecture.

1. Un ami *malheureux* sait compatir à nos peines.
2. La vertu *malheureuse* en est plus respectable.
3. Partout la jalousie est un être *odieux*.
4. De tout vœu forcé la chaine est *odieuse*.
5. Un sot n'est qu'*ennuyeux*, un pédant est insupportable.
6. La bourgeoise *ennuyeuse* de son chat fait son seul entretien.
7. Le melon *vineux* a un goût de vin.
8. La pêche *vineuse* a une odeur de vin.

ANALYSE. — *Malheureux* forme son féminin en *se*, parce qu'il est terminé au masculin par *x*.

### Dictée.

( Mettre les substantifs et les adjectifs suivants au féminin. )

Le causeur est ennuyeux. — Le flatteur est dangereux. — L'ambassadeur est orgueilleux. — Le bienfaiteur est généreux. — L'acheteur est soupçonneux. — L'instituteur est malheureux. — Cet homme est faux. — L'époux

(1) Exceptions : *doux, roux, vieux, préfix*, font *douce, rousse, vieille, préfixe*.

est jaloux. — Le religieux est doux. — Cet enfant est paresseux. — Le prince est heureux. — Le paysan est laborieux. — Ce nègre est hideux. — Un chien hargneux. — Le tigre est furieux. — Le cerf est peureux. — Un père vertueux. — Un neveu ambitieux. — Un oncle superstitieux. — Un cousin ennuyeux.

## N° XXXIII.

### FÉMININ DES ADJECTIFS TERMINÉS PAR *f*.

Tout adjectif terminé au masculin par *f* forme son féminin en changeant *f* en *ve*.

### Exemples.

Un aveu *naïf*. — Une jeune personne *naïve*. — Un ouvrage *instructif*. — Une méthode *instructive*. — Un accent *plaintif*. — Une voix *plaintive*. — Un enfant *craintif*. — Une biche *craintive*. — Un discours *persuasif*. — Une éloquence *persuasive*. — Un homme *veuf*. — Une femme *veuve*. — Un cheval *neuf*. — Une maison *neuve*. — Un regard *expressif*. — Une figure *expressive*.

### Lecture.

1. Le jugement est essentiellement *actif*.
2. Une mémoire *active* et fidèle double la vie.
3. Ce n'est pas un grand avantage d'avoir l'esprit *vif*.
4. La gloire est la plus *vive* de nos passions.
5. Tout citoyen *oisif* est un fripon.
6. L'affreux poison du vice atteint une ame *oisive*.

ANALYSE. — *Actif* fait au féminin *active*, parce que tous les adjectifs terminés au masculin par *f* changent au féminin cette lettre en *ve*.

### Dictée.

( Mettre les substantifs et les adjectifs suivants au féminin.)

Le cerf est craintif. — Cet homme est naïf. — Cet homme est veuf. — Le cheval est rétif. — Ce prince est vindicatif. — Le Français est actif. — Le voisin est communicatif. — Cet écolier est attentif. — Ce roi est captif. — Cet ouvrier est expéditif. — Ce nain est expressif. — Cet homme est maladif. — Cet Allemand est méditatif. — Cet Africain est oisif. — Ce bourgeois est pensif. — C'est un homme positif. — C'est un homme rébarbatif.

# N° XXXIV.

## FÉMININ DES ADJECTIFS EN *eur*.

Les adjectifs terminés en *eur* forment leur féminin en *euse* toutes les fois qu'on peut changer *eur* en *ant* (1).

### Exemples.

Boudeur, boudant, *boudeuse*. — Causeur, causant, *causeuse*. — Menteur, mentant, *menteuse*. — Flatteur, flattant, *flatteuse* — Grondeur, grondant, *grondeuse*. — Trompeur, trompant, *trompeuse*. — Rongeur, rongeant, *rongeuse*.

### Lecture.

1. Rien n'est plus *trompeur* que les promesses du monde.
2. L'espérance est *trompeuse*.
3. Craignez le poison *flatteur* des louanges.
4. L'idée du bonheur est bien *flatteuse*.
5. Le monde est *menteur* et promet ce qu'il ne peut donner.
6. L'apparence est souvent *menteuse*.

ANALYSE. — *Trompeur* fait au féminin *trompeuse*, parce qu'on peut dire *trompant*.

### Dictée.

( Faire mettre les expressions suivantes au féminin.)

Un Anglais *boudeur*. — Un portier *causeur*. — Un courtisan *flatteur*. — Un père *grondeur*. — Un petit garçon *menteur*. — Un domestique *parleur*. — Un homme *trompeur*.

# N° XXXV.

## DEUXIÈME RÈGLE SUR LE FÉMININ DES ADJECTIFS EN *eur*.

Les adjectifs terminés en *eur* forment leur féminin en

(1) Cependant *exécuteur, persécuteur, débiteur, inspecteur* et *inventeur*, font *exécutrice, persécutrice, débitrice, inspectrice, inventrice,* quoiqu'on puisse dire : *exécutant, persécutant, débitant, inspectant, inventant. Chanteur* fait au féminin *chanteuse,* et *cantatrice* ; ce dernier

changeant *eur* en *rice* quand on ne peut changer *eur* en *ant* (1).

### Exemples.

Un crime *accusateur*. — Une parole *accusatrice*. — Un discours *adulateur*. — Une femme *adulatrice*. — Un génie *créateur*. — Une imagination *créatrice*. — Un souvenir *consolateur*. — Une pensée *consolatrice*. — Un pouvoir *exécuteur*. — Une puissance *exécutrice*. — Un regard *protecteur*. — Une loi *protectrice*.

### Lecture.

1. Le singe est né pour être *imitateur*.
2. Cette jeune fille est *imitatrice* des vertus de sa mère.
3. C'est un crime *accusateur*.
4. C'est une parole *accusatrice*.
5. C'est un souvenir *consolateur*.
6. C'est une pensée *consolatrice*.

ANALYSE. — *Imitateur* fait *imitatrice* au féminin, et non *imitateuse*, parce qu'on ne peut dire *imitatant*.

### Dictée.

( Mettre les adjectifs suivants au féminin. )

Admirateur — acteur — accusateur — approbateur — calomniateur — conservateur — créateur — corrupteur — ambassadeur — délateur — directeur — dissipateur — donateur — exécuteur — fondateur — inspecteur — libérateur — moteur — observateur — opérateur — protecteur — inventeur — réparateur — appréciateur — dénonciateur — spoliateur — spéculateur — désolateur — rémunérateur — dominateur — restaurateur — ostentateur — scrutateur — déprédateur.

---

ne s'emploie qu'en parlant d'une femme qui s'est fait une réputation dans l'art de chanter. *Pécheur, chasseur, devineur, enchanteur, défendeur, demandeur, vendeur, vengeur*, font *pécheresse, chasseresse, devineresse, enchanteresse, défenderesse, demanderesse, venderesse, vengeresse*.

(1) Les adjectifs *meilleur, majeur, mineur*, et tous les adjectifs en *érieur*, comme *antérieur, supérieur, inférieur*, etc., suivent la règle générale, c'est-à-dire prennent un *e* muet au féminin : *antérieure, inférieure, meilleure, majeure, mineure, citérieure*, etc.

## N° XXXVI.

FÉMININ DES ADJECTIFS TERMINÉS EN *as*, *el*, *eil*, *ien*, *es*, *ul*, *et*, *on*, etc.

Les adjectifs terminés par *as*, *el*, *eil*, *ien*, *es*, *ul*, *et*, *on*, *os*, *ot* forment leur féminin en doublant la consonne et en prenant un *e* muet (1).

### Exemples.

Un *ancien* préjugé. — Une *ancienne* coutume. — Un langage *muet*. — Une jeune fille *muette*. — Un *bon* domestique. — Une *bonne* idée. — Un *bas* flatteur. — Une *basse* extraction. — Un homme *coquet*. — Une mise *coquette*. — Un usurpateur *criminel*. — Une action *criminelle*. — Un amour *maternel*. — Une tendresse *maternelle*. — Un intérêt *partiel*. — Une somme *partielle*. — Un avis *paternel*. — Une bonté *paternelle*.

### Lecture.

1. Tout homme est *sujet* à l'erreur.
2. L'erreur est *sujette* au retour.
3. Devant l'œil *immortel* tous mortels sont égaux.
4. Tout artiste est jaloux d'une gloire *immortelle*.
5. Un *chrétien* aux yeux de tout le monde est toujours *chrétien*.
6. La religion *chrétienne* a pour objet la félicité éternelle.
7. Le chagrin n'est *bon* à rien.
8. *Bonne* action, dit-on, a toujours son salaire.

ANALYSE. — *Sujet* fait *sujette* au féminin, parce que les adjectifs terminés en *et* doublent au féminin la consonne en prenant un *e* muet.

### Dictée.

(Mettre les adjectifs au féminin.)

Une personne *nul*. — Une pensée *spirituel*. — Une mine *vermeil*. — Une *bon* femme. — Une défense *formel*. — Une

___

(1) Les adjectifs suivants ne doublent pas le *t* : *secret*, *concret*, *incomplet*, *replet*, *complet*, *indiscret*, *mauvais*, *inquiet*, *inconcret*; ils suivent la règle générale, et font au féminin : *secrète*, *concrète*, *incomplète*, *replète*, *complète*, *indiscrète*, *mauvaise*, *inquiète*, *inconcrète*.

école *mutuel*. — Une cérémonie *solennel*. — Une *gentil* petite fille. — Une personne *muet*. — Une *épais* fumée. — Une salle *mitoyen*. — Une place *net*. — Une chienne *gras*. — Une condition *exprès*. — Une rente *annuel*. — Une *gros* tour. — Une femme *las*. — Une fleur *artificiel*. — Une douleur *éternel*. — Une feuille *quotidien*. — Une fatigue *continuel*. — Une chose *essentiel*. — Une sylphide *aérien*. — Une personne *sujet* au mensonge. — Une femme *coquet*. — Une *ancien* maison. — Une promesse *réel*. — De *bas* extraction. — Une déesse *immortel*. — Une attention *superficiel*. — Une captivité *perpétuel*. — Une tendresse *maternel*. — Une bonté *paternel*. — Une *ancien* habitude.

---

## N° XXXVII.

**FÉMININ DES ADJECTIFS** *public, caduc, malin, bénin,* **etc.**

Les adjectifs suivants : *public, caduc, turc, grec, franc, blanc, sec, frais, long, bénin, malin, oblong, muscat, absous, dissous* font au féminin : *publique, caduque, turque, grecque, franche, blanche, sèche, fraîche, longue, bénigne, maligne, oblongue, muscate* ou *muscade, absoute, dissoute; bel* et *beau, nouvel* et *nouveau, vieux* et *vieil, mol* et *mou, fol* et *fou,* font au féminin *belle, nouvelle, vieille, molle, folle.*

### Exemples.

1. Ah! pour le bien *public* il n'est rien qu'on ne quitte.
2. La justice est la mère de la paix *publique*.
3. L'homme est *blanc* en Europe, et noir en Afrique.
4. Les Circassiennes ont la peau *blanche*.
5. J'aime mieux un *franc* ennemi qu'un bon ami qui m'égratigne.
6. Un monarque n'est jamais grand si sa conduite n'est pas *franche*.
7. La Judée était certainement un pays *sec*.
8. Un refus vaut souvent mieux qu'une charité *sèche* et farouche.
9. Un postillon *grec* chante pendant toute la route.
10. L'ancienne Provence fut jadis peuplée par une colonie *grecque* de Phocéens.
11. On appelle le diable l'esprit *malin*.
12. L'envie, toujours *maligne* et haineuse, n'est jamais bonne à rien.
13. Le sang *bénin* et rectifié fait la joie.

14. Il est favorisé de la *bénigne* influence du ciel.

ANALYSE.—*Public* fait au féminin *publique.*

### Dictée.

( Corriger les fautes sur les adjectifs. )

L'autorité *public.*—Une voix *caduc.*—La flotte *turc.*—
Une toux *sec.*—La langue *grec.*—Une conduite *franc.*—
Donner carte *blanc* à quelqu'un. — Cette herbe est encore
*frais.* — Une voyelle *long.* — Une fièvre *bénin.*—Une joie
*malin.*—Une feuille *oblong.*—La chambre des députés est
*dissous.*— Cette poire est *mol.*—Cette personne est *fol.*—
Cette invention est *nouvel.*—C'est une *vieil* habitude. —
Une peau *blanc.*—Une *franc* amitié.—Une *fol* pensée.—
Une *bel* rose.—Une *vieil* masure.—Une coiffure *grec.*

## N° XXXVIII.

### FORMATION DU PLURIEL DANS LES ADJECTIFS.

Le pluriel des adjectifs, quels qu'en soient d'ailleurs la
terminaison et le genre, se forme, ainsi que le pluriel des
substantifs, par l'addition d'un *s* (1).

### Exemples.

Un *bon* conseil. — De *bons* conseils. — Une *bonne* œuvre.
— De *bonnes* œuvres. — Un air *modeste.* — Des airs *modes-
tes.* — Une jeune fille *modeste.* — Des jeunes filles *modes-
tes.* — Un habit *noir.*—Des habits *noirs.*—Une croix *noire.*
— Des croix *noires.* — Un chagrin *profond.* — Des chagrins
*profonds.* — Une plaie *profonde.* — Des plaies *profondes.*

### Lecture.

1. Un *bon* conseil peut ramener à la vertu.
2. Une *bonne* action est toujours récompensée.
3. Les *bons* conseils peuvent ramener à la vertu.
4. Les *bonnes* œuvres trouvent toujours leur récompense.
5. Au travers des périls un *grand* cœur se fait jour.

(1) Exceptions : *beau* et *nouveau* prennent un *x* au pluriel, *beaux*
et *nouveaux.* Quant aux adjectifs terminés par un *t*, on peut au pluriel admettre ou retrancher le *t* : un homme *prudent*, des hommes
*prudents* ou *prudens*; mais il vaut mieux conserver le *t*.

6. Par d'illustres efforts les *grands* cœurs se connaissent.
7. Plus l'assemblée est *grande* et moins elle a d'oreilles.
8. Les *grandes* pensées viennent du cœur.

ANALYSE. — *Grand* fait au pluriel *grands*, parce que le pluriel des adjectifs se forme en général par l'addition d'un *s*.

### Dictée.

(Mettre au pluriel les expressions suivantes.)

Un fils ingrat. — Une onde pure. — Un discours ambigu. — Un mouvement spontané. — Un roi altier.—Un ami vrai. — Un sommeil profond. — Un officier supérieur. — Une solide amitié. — Une belle prière. —¡Un péril certain. — L'intérêt particulier. — Une grande maison. — Une bonne montre. — Un soldat très-brave. — Un terrain fertile. — Une récolte abondante. — Une pierre précieuse. — Un marbre dur. — Une haute statue. — Un travail pénible.—Un grand chou. — Un oiseau vorace. — Une écriture lisible. — Un fleuve profond. — Une belle rose. — Un avocat célèbre. — Une armée nombreuse. — Un prompt secours. — Une action méchante. — Une nuit obscure. — Une faute grave. — Une petite chaumière. — Le vert bosquet. — Une bonne poire. — Un bon service. — La petite fille.

## N° XXXIX.

### PLURIEL DES ADJECTIFS TERMINÉS PAR *s* ET PAR *x*.

Les adjectifs terminés au singulier par *s* ou par *x*, ne changent pas au masculin pluriel.

### Exemples.

Un *gros* chien. — De *gros* chiens. — Un nez *camus*. — Des nez *camus*. — Un discours *diffus*. — Des discours *diffus*. — Un homme *gras*. — Des hommes *gras*. — Un homme *las*. — Des hommes *las*. — Un poil *ras*. — Des cheveux *ras*. — Un *mauvais* conseil. — De *mauvais* conseils. — Un mur *épais*. — Des murs *épais*. — Un œuf *frais*.—Des œufs *frais*. — Un ami *malheureux*. — Des amis *malheureux*.

### Lecture.

1. Quel mortel fut jamais plus *heureux* que vous l'êtes?
2. Hélas! aux gens *heureux* la plainte est importune.

**3.** Oh ! combien l'homme est inconstant, *divers !*
**4.** La fable offre à l'esprit mille agréments *divers.*
**5.** Fuyez cet homme *pervers,* qui ne peut que vous nuire.
**6.** Comment, sans les punir, voit-il ces cœurs *pervers ?*
**7.** L'excès d'application est *mauvais* à la santé.
**8.** Les fruits sont *mauvais* pour de certains estomacs.

ANALYSE. — *Heureux* ne change pas au masculin pluriel, parce qu'il est terminé au singulier par *x.*

### Dictée.

(Mettre au pluriel les phrases suivantes.)

Le succès est douteux. — Ce tapis est vieux. — Le malade est perclus. — Le nez est camus. — Le succès est douteux. — L'époux est jaloux. — Son bras est nerveux. — Le fils est soumis. — Le velours est soyeux. — Ce drap est gris. — Le sol est fangeux. — L'avis est judicieux.— Le gazon est frais. — Le soldat est belliqueux. — Le rubis est précieux. — Ce chien est hargneux. — Ce palais est spacieux. — Ce terrain est pierreux. — Ce luth est harmonieux. —Cet écu est faux. — Cet homme est dangereux. — Ce pays est montueux. — Ce bâton est noueux. — Ce tissu est moelleux. — Ce discours est insidieux. — Le melon est fiévreux. — Ce bœuf est gros et gras. — Cet enfant est capricieux. — Ce mur est épais.

## N° XL.

### PLURIEL DES ADJECTIFS EN *al.*

Les adjectifs terminés en *al* forment leur pluriel en changeant *al* en *aux* (1).

(1) Exceptions : *fatal, naval, théâtral, pascal, final, initial, labial, nasal, pénal, amical, glacial, frugal,* etc. ; forment leur pluriel par l'addition d'un *s* : des instants *fatals,* des combats *navals,* des débuts, des effets *théâtrals,* des cierges *pascals,* des tons *finals, initials, labials, nasals;* des codes *pénals,* des conseils *amicals,* des vents *glacials,* des repas *frugals,* etc. L'usage est partagé sur *colossal, boréal, austral;* nous préférons *colossals* et *boréaux, austraux;* enfin il y a quelques adjectifs qui n'ont encore été employés qu'au féminin, comme *diagonal, patronal, virginal,* etc, ; *jeux floraux, frais préjudiciaux;* ces adjectifs n'ont pas de singulier.

## Exemples.

Un péché *capital*. — Des péchés *capitaux*. — Un verbe *pronominal*. — Des verbes *pronominaux*. — Un ouvrage *immoral*. — Des ouvrages *immoraux*. — Un historien *partial*. — Des historiens *partiaux*. — Un prince *libéral*. — Des princes *libéraux*. — Un remède *pectoral*. — Des remèdes *pectoraux*. — Un peuple *méridional*. — Les peuples *méridionaux*. — Un prince *royal*. — Des princes *royaux*. — Un conte *moral*. — Des contes *moraux*. — Un bien *rural*. — Des biens *ruraux*. — Un garde *municipal* — Des gardes *municipaux*. — Un pays *septentrional*. — Des pays *septentrionaux*. — Un homme *original*. — Des hommes *originaux*. — Un adjectif *verbal*. — Des adjectifs *verbaux*.

## Lecture.

1. Travailler est un devoir indispensable à l'homme *social*.
2. Le premier grain confié aux entrailles de la terre a fait germer les liens *sociaux*.
3. Le flamant confie son nid aux vases de l'Océan *méridional*.
4. L'oranger borde de ses fruits dorés les rivages *méridionaux* de l'Europe.
5. Le règne *végétal* paraît être le fondement indispensable à la vie animale.
6. Le pain est le meilleur de tous les aliments *végétaux*.

ANALYSE. — *Social* fait au pluriel *sociaux*, parce que les adjectifs en *al* changent au pluriel *al* en *aux*.

## Dictée.

(Mettre au pluriel les phrases suivantes.)

Ce général est loyal. — Ce péché est capital. — Ce juge est impartial. — Cet enfant est brutal. — Notre compte est égal. — Ce terrain est inégal. — Ce prince est libéral. — Ce mot est trivial. — Ce provincial est original. — Un adjectif numéral. — Un tour grammatical. — Ce sirop est pectoral. — Un verbe anomal. — Un ornement archiépiscopal. — Un signe austral. — Un four banal. — Un nerf brachial. — Un esprit brutal. — Un point cardinal. — Un péché capital. — Un héritier collatéral. — Un fruit colonial. — Un effet commercial. — Un bien communal. — Un remède cordial. — Un prix décennal. — Un ornement ducal. — Un poids égal. — Un collége électoral. — Un palais épiscopal. — Un droit féodal. — Un procureur fiscal. — Un point fondamental. — Un principe général. — Un moyen illégal. — Un homme immoral.

— Un historien partial. — Un tribunal impartial. — Un juge infernal. — Un moyen légal. — Un prince libéral. — Un usage local. — Un mouvement machinal. — Un peuple méridional. — Un précepte moral. — Un habit nuptial. — Un peuple oriental. — Un détail trivial. — Un office vénal.

## N° XLI.

### ACCORD DE L'ADJECTIF.

*Adjectifs précédés de plusieurs substantifs.*

Quand un adjectif se rapporte à plusieurs substantifs, on met cet adjectif au pluriel.

### Exemples.

Un manteau et un habit *neufs.* — Un chien et un chat *méchants.* — Un pantalon et un gilet *noirs.* — Une robe et une pelisse *neuves.* — Une table et une planche *noires.* — Une rue et une place très-*grandes.* — Une gelée et une compote *excellentes.*

### Lecture.

1. Le roi et le berger sont *égaux* après la mort.
2. Le roi et le prince sont *généreux.*
3. La colline et la vallée sont *ombragées.*
4. Le renard et le singe sont *rusés.*
5. Le pain et le vin sont *nécessaires.*
6. Le chameau et le dromadaire sont *bossus.*

ANALYSE. — *Égaux* est au pluriel, parce qu'il se rapporte à *roi* et à *berger.*

### Dictée.

(Mettre les adjectifs au masculin pluriel.)

Une chatte et une chienne *caressante.* — Un drame et un roman *intéressant.* — Le nèfle et la poire *molle.* — La loi et la coutume *expresse.* — L'oie et la poularde *grasse.* — Cette loi et cette coutume sont *ancienne.* — Un jardin et un parc très *grand.* — Un homme et un enfant *intrépide.* — Le riche et l'indigent sont *sujet* à la même loi. — Ces personnes ont l'oreille et la voix *fausse.*

## N° XLII.

ADJECTIFS PRÉCÉDÉS DE DEUX NOMS DE DIFFÉRENT GENRE.

Quand un adjectif se rapporte à deux noms de différent genre, on le met au masculin pluriel.

### Exemples.

Le frère et la sœur sont *chéris*. — Le teint et la joue sont *vermeils*.—Les jambes et les bras sont *très-gros*.—Une robe et un voile *blancs*. — Une chatte et un chien *caressants*. — La carafe et le bocal sont *cassants*.—La caille et le faisan sont *délicats*. — La bouche et les yeux sont *ouverts*.

### Lecture.

1. La grenade et le citron sont *acides*.
2. La hiène et le tigre sont *cruels*.
3. La viande et le pain sont *nécessaires*.
4. L'opale et le rubis sont *recherchés*.
5. La colère et l'orgueil sont *odieux*.
6. La pie et le perroquet sont *bavards*.

ANALYSE. — *Acides* est au masculin pluriel, parce qu'il se rapporte à deux noms de différent genre, *grenade* et *citron*.

### Dictée.

(Corriger les fautes sur les adjectifs.)

Le paysan et la paysanne sont *laborieuse*. — La robe et le voile sont *blanc*. — La trompette et le clairon sont *retentissant*. — La procédure et l'acte sont *nul*. — La frangipane et le gâteau sont *sucré*. — Paul et Virginie étaient *ignorant* comme des créoles.

## N° XLIII.

DES ADJECTIFS DÉMONSTRATIFS.

Les adjectifs démonstratifs sont ceux qui servent à démontrer, à montrer, pour ainsi dire, l'objet dont on parle. Ces adjectifs sont : *ce* et *cet* pour le masculin singulier ; *cette* pour le féminin singulier, et *ces* pour les deux genres.

On met *ce* devant une consonne ou un *h* aspiré, et *cet*

devant une voyelle ou un *h* muet : CE *soldat;* CE *héros;*
CET *enfant,* CET *homme* (1).

## Lecture.

1. Voyez *ce* papillon échappé du tombeau.
2. Voyez *cette* mouche qui voltige autour de la lampe.
3. *Ce* héros expiré n'a laissé dans mes bras qu'un corps défiguré.
4. Il convie aux forfaits *cette* horde d'assassins.
5. *Cet* arbre a été respecté de la foudre.
6. *Ces* juges iniques condamnèrent Socrate à boire la ciguë.
7. *Ces* routes ne sont pas très-sures.

ANALYSE. — On dit *ce papillon,* parce qu'il ne s'agit que d'un seul papillon ; on dit *ce* et non *cet,* parce que *papillon* commence par une consonne. On dit *cet arbre* et non *ce arbre,* parce que *arbre* commence par une voyelle.

## Dictée.

(Mettre les articles démonstratifs *ce, cet, cette, ces* devant les mots ci-après, suivant le genre, le nombre et les initiales.)

Hommes — parent — voisin — hameau — statue — livres — espérance — récompenses — jours — combats — abondance — humiliations — mépris — épreuves — courage — esprit — cœur — mœurs — caractère — perte — source — héros — hérésie — hanneton — harmonie — haie — haine — œillet — arbre — usage — étang — égout — fleuves — vallon — rosiers — hortensia — humeur — honneur — hache — hachette — hypocrite — hysope — houssard — huche — abricot — encrier. — vertu — qualité — hotte — hydromel — jockey — thym — huppe — haricot. — hydre — mur — muraille — table — tableaux — oranges — tulipe — paysage — ilot — prairie — œillet.

---

## N° XLIV.

### DES ADJECTIFS NUMÉRAUX.

Les adjectifs *numéraux* sont ceux qui indiquent le nombre

---

(1) On dit cependant CE OUI est *bien faible;* CE ONZE *janvier;* CE UN est *mal fait,* comme on dit le *oui* et le *non,* le *onze,* le *un.*

les objets; ces adjectifs sont : *un, deux, trois, quatre, cinq*, *six, sept, huit, neuf dix, vingt, trente, quarante*, etc., etc. ; ils servent pour les deux genres, excepté *un* qui fait au féminin singulier *une*.

Il y a deux sortes d'adjectifs numéraux : 1° les *cardinaux*, qui marquent la quantité numérique des objets : *un, deux, trois, dix, cent*, etc.; 2° les *ordinaux*, qui marquent l'*ordre* ou le rang des objets dans une série : *premier, second, troisième, dixième, centième*, etc. On voit qu'ils se forment des adjectifs de nombre *cardinaux*, à l'exception de *premier, second; unième* ne s'emploie que dans les composés, *vingt et unième*. Le *f* de *neuf* se change en *v* dans *neuvième*.

### Lecture.

1. *Un* homme en vaut un autre.
2. *Deux* avis valent mieux qu'un.
3. *Trois* prisonniers ont pris la fuite.
4. *Quatre* canons ont été pris aux ennemis.

ANALYSE. — *Un*, article numéral masculin singulier, parce qu'il se rapporte à *homme* qui est du masculin et au singulier. *Deux*, adjectif numéral pluriel masculin, parce qu'il se rapporte au mot *avis* qui est du masculin pluriel.

### Dictée.

( Souligner et analyser les adjectifs numéraux. )

L'intolérance doit être mise au rang des *sept* péchés mortels. — *Un* sou, quand il est assuré, vaut mieux que *cinq* en espérance. — *Vingt-quatre* livres de pain blanc valaient autrefois *un* denier d'argent. — André Doria vécut jusqu'à *quatre-vingt-quatorze* ans l'homme le plus considéré de l'Europe. — *Une* chose arrive aujourd'hui et presque sous nos yeux ; *cent* personnes qui l'ont vue la racontent en *cent* façons différentes.—L'homme vit *quatre-vingts* ans, le chien ne vit que *dix* ans. — Il y avait *quarante* ans qu'il portait ses armes. — Le terme de la plus grande propriété individuelle à Rome était fixé à *cinq cents* arpents. — On a *mille* remèdes pour consoler *un* honnête homme et pour adoucir son malheur.—Le pape interrogea lui-même *soixante-douze* chevaliers.—Marius, à la tête de *quatre-vingt-cinq* cohortes, présenta la bataille à Sylla. — Le roi invita à souper dans son palais *deux* évêques, tout le sénat, et *quatre-vingt-quatorze* seigneurs. — On comptait à Rome avant la fin du règne de Romulus jusqu'à *quarante-sept mille* habitants.

## N° XLV.

### DES ADJECTIFS POSSESSIFS.

Les adjectifs *possessifs* sont ceux qui marquent la possession; ces adjectifs sont :

SINGULIER.

| Masculin. | Féminin. | Pluriel des deux genres. |
|---|---|---|
| *Mon,* | *ma,* | *mes.* |
| *Ton,* | *ta,* | *tes.* |
| *Son,* | *sa,* | *ses.* |
| *Notre,* | *notre,* | *nos.* |
| *Votre,* | *votre,* | *vos.* |
| *Leur,* | *leur,* | *leurs.* |

*Mon*, *ton*, *son*, s'emploient au lieu de *ma*, *ta*, *sa*, devant un substantif féminin, commençant par une voyelle ou
un *h* muet : *mon ame*, *ton humeur;* c'est l'oreille qui
l'exige.

On ne met point d'accent sur *o*, dans *notre*, *votre*,
quand ces mots se trouvent placés devant un substantif.

#### Lecture.

1. *Mon* esprit généreux te pardonne.
2. *Ma* prompte obéissance mérite quelque prix.
3. *Mes* pieds sont tout meurtris.
4. *Mes* larmes ont long-temps coulé.
5. *Mon* ame est éclairée sur les projets.
6. *Mon* heure est arrivée.
7. Cet entretien redouble *ma* honte.
8. *Ma* fortune va prendre une face nouvelle.

ANALYSE. — *Mon*, article possessif est au masculin singulier, parce que *esprit* est du masculin et au singulier; *ma*
est au féminin singulier, parce que *obéissance* est du féminin et au singulier.

#### Dictée.

( Mettre *mon*, *ma*, *mes*, *ton*, *ta*, *tes*, *son*, *sa*, *ses* devant les mots ci-
après, suivant le genre, le nombre et les initiales.)

Père — mère — frère — sœur — mouchoir — clefs — papiers
— habit — honneur — héritier — habillement — hameçon —
hommage — habitude — herbe — histoire — héritière — hor-

loge — hache — hanneton — haine — honte — harpe — hotte — haquet — houlette — fils — discours — compas — crayons — plumes — habits — pantalons — amis — tableaux — moutons — genoux — rivaux — œil — nez — yeux — journaux — cahiers — encrier — cheval — chien.

---

## N° XLVI.

### DES ADJECTIFS INDÉFINIS.

Les adjectifs *indéfinis*, sont ceux qui ajoutent au substantif qu'ils précèdent une idée vague, indéfinie, générale; ces adjectifs sont :

| SINGULIER. | | PLURIEL. | |
|---|---|---|---|
| Masculin. | Féminin. | Masculin. | Féminin. |
| TOUT, | *toute,* | *tous,* | *toutes.* |
| TEL, | *telle,* | *tels,* | *telles.* |
| QUEL, | *quelle,* | *quels,* | *quelles.* |
| NUL, | *nulle,* | *nuls,* | *nulles.* |
| AUCUN, | *aucune,* | *aucuns,* | *aucunes.* |
| MAINT, | *mainte,* | *maints,* | *maintes.* |
| CERTAIN, | *certaine,* | *certains,* | *certaines.* |
| QUELQUE, | *quelque,* | *quelques,* | *quelques.* |

CHAQUE, qui sert pour les deux genres, au singulier seulement.

PLUSIEURS, qui sert pour les deux genres, au pluriel seulement.

#### Lecture.

1. *Tout* homme est sujet à la mort.
2. En *toute* chose il faut considérer la fin.
3. En *tous* pays tous les bons cœurs sont frères.
4. *Chaque* homme a son génie.
5. *Chaque* condition a ses dégoûts.
6. *Nul* homme n'est heureux; *nulle* chose ne peut le rendre tel.
7. *Nuls* malheurs ne doivent abattre l'homme.
8. *Aucun* chemin de fleurs ne conduit à la gloire.
9. On méprise ceux qui n'ont *aucune* vertu.
10. *Quel* bras vous suspendit, innombrables étoiles?

ANALYSE. — Dans le premier exemple, *tout* est au masculin singulier, parce que *homme* est du masculin et au singulier; dans le second exemple, *toute* est au féminin singulier, parce que *chose* est du féminin et au singulier.

### Dictée.

( Mettre les expressions suivantes au féminin singulier et ensuite au féminin pluriel. )

Tout homme. — Aucun chien. — Tel oncle. — Quel coq. — Nul cerf. — Maint bouc. — Certain jardinier. — Quelque prisonnier. — Tel homme. — Aucun prince. — Tout roi. — Quel paysan. — Maint sorcier. — Certain duc. — Quelque cheval.

## QUESTIONNAIRE.

28. Qu'est-ce que l'adjectif? — Comment le reconnaît-on ?

29. L'adjectif a-t-il par lui-même un genre? — Comment s'accorde-t-il?

30. Comment forme-t-on le féminin dans les adjectifs?

31. Les adjectifs terminés par un *e* muet changent-ils au féminin ? — Comment les mots *traître*, *diable* et *maître* font-ils au féminin?

32. Comment forme-t-on le féminin des adjectifs terminés par *x* ? — Quel est le féminin de *doux*, *vieux*, *préfix*, *roux* ?

33. Comment forme-t-on le féminin des adjectifs en *f* ?

34. Comment se forme le féminin des adjectifs en *eur* ?

35. Comment font au féminin : *antérieur*, *citérieur*, *supérieur*, *exécuteur*, *créateur*, *débiteur*, *inspecteur*, *inventeur* ?

36. Quel est le féminin des adjectifs en *as*, *el*, *eil*, *ien*, *es*, *ul*, *et*, *on*, *os*, *ot* ? — Des adjectifs *secret*, *concret*, *inconcret*, *incomplet*, *complet*, *replet*, *mauvais*, *inquiet* ?

37. Comment font au féminin *public*, *caduc*, *blanc*, *sec*, *bénin*, *malin*, *turc*, *grec*, *mou*, *nouveau* ?

38. Comment se forme le pluriel dans les adjectifs? — Quel est le pluriel de *bon* et *nouveau* ?

39. Quel est le pluriel des adjectifs terminés par *s* et *x*?

40. Comment se forme le pluriel des adjectifs en *al* ? — Quel est le pluriel de *final*, *théâtral*, *fatal* ?

41. A quel nombre met-on l'adjectif en rapport avec plusieurs substantifs?

42. A quel genre se met l'adjectif qui se rapporte à plusieurs substantifs de différent genre?

43. Qu'est-ce qu'un adjectif démonstratif? — Quels sont les adjectifs démonstratifs? — Devant quels mots place-t-on *ce* et *cet* ?

44. Qu'est-ce qu'un adjectif numéral? — Quels sont les adjectifs

numéraux ? — Combien y a-t-il de sortes d'adjectifs numéraux ? Qu'est-ce qu'un adjectif numéral ordinal ? — Qu'est-ce qu'un adjectif numéral cardinal ? — Quels sont les adjectifs ordinaux ? — Quels sont les adjectifs cardinaux ?

45. Qu'est-ce qu'un adjectif possessif ? — Quels sont les adjectifs possessifs ? — Devant quels mots se placent *mon, ton, son ?*

46. Qu'est-ce qu'un adjectif indéfini ? — Quels sont les adjectifs indéfinis?

# CHAPITRE QUATRIÈME.

## DU PRONOM.

### N° XLVII.

Tout mot que l'on met à la place d'un substantif, soit pour en rappeler l'idée, soit pour en éviter la répétition, est un PRONOM.

**Lecture.**

1. Nulle paix pour l'impie : *il la* cherche, *elle* fuit.
2. Tout homme doit savoir oublier l'injure qu'*il* a reçue.
3. Les enfants sont attachés à la nourrice qui *les* a allaités.
4. La mère expose sa vie pour l'enfant qu'*elle* a élevé.
5. Jésus-Christ a prié pour les ennemis qui *l*'ont persécuté.
6. Les Grecs ont recouvré la liberté qu'*ils* avaient perdue.
7. Les vaches regrettent souvent les veaux qu'on *leur* a enlevés.
8. L'avare met son bonheur et sa gloire à grossir un trésor qui ne *lui* sert de rien.
9. Les vaches beuglent quand *elles* ont faim.
10. César, voyant Brutus au nombre de ses assassins, s'écria : « Et *toi* aussi, mon fils, *tu* oses *me* frapper ! »

ANALYSE. — Le mot *il* du premier exemple est un *pronom*, 1° parce qu'il tient la place du substantif *impie*; 2° parce qu'il sert à éviter la répétition de ce substantif. Sans le secours du mot *il*, on serait obligé de dire: *nulle paix pour l'impie;* L'IMPIE *cherche la paix, la paix fuit.*

Les mots *la* et *elle* tiennent la place du substantif *paix;* donc *la* et *elle* sont des *pronoms.*

## Dictée.

(Souligner et analyser les pronoms.)

Le chat fait un saut quand il veut prendre une souris. — Les chiens mangent du chiendent quand ils ont trop mangé. — Les oies se tiennent sur une jambe, quand elles dorment. — La poule craquète, quand elle veut pondre. — Les lièvres cherchent à se sauver sur des hauteurs quand ils sont poursuivis. — L'escargot se retire dans sa coquille quand on s'en approche ou qu'on le touche. — La chaux vive s'échauffe quand elle est humectée. — On ne doit pas endommager l'écorce des arbres, parce qu'on les ferait périr.

---

# N° XLVIII.

### DES DIVERSES SORTES DE PRONOMS.

Il y a six sortes de pronoms : Les pronoms *personnels*, les pronoms *possessifs*, les pronoms *relatifs*, les pronoms *interrogatifs*, et les pronoms *indéfinis*.

### DES PRONOMS PERSONNELS.

Les pronoms *personnels* sont ceux qui désignent les personnes.

Il y a *trois* personnes : La première est celle *qui* parle ; la seconde est celle *à qui* l'on parle ; la troisième est celle *de qui* l'on parle.

### TABLEAU DES PRONOMS PERSONNELS.

| | |
|---|---|
| PREMIÈRE PERSONNE. | *Je, me, moi*, servent pour le singulier et sont des deux genres.<br>*Nous*, sert pour le pluriel, et est des deux genres. |
| SECONDE PERSONNE. | *Tu, te, toi*, servent pour le singulier et sont des deux genres.<br>*Vous*, sert pour le pluriel et est des deux genres. |

TROISIÈME PERSONNE.

*Il, le,* sert pour le masculin singulier.

*Lui* sert pour le singulier et est des deux genres.

*Elle, la,* sert pour le singulier féminin.

*Ils, eux,* servent pour le pluriel masculin.

*Elles,* sert pour le féminin pluriel.

*Les, leur* sert pour le pluriel des deux genres.

*Se, soi, en, y* sont des deux genres et des deux nombres; *en* signifie *de lui, d'elle, d'eux, d'elles; y* signifie *à cette chose, à ces choses.*

**Dictée.**

(Souligner et analyser les pronoms personnels, et dire de quelle personne, de quel genre et de quel nombre ils sont.)

Les grandes prospérités *nous* aveuglent. — Le chrétien dit : *Je* pardonne de bon cœur à mes ennemis. — Les merveilles de la nature *nous* frappent d'admiration. — Un homme demandait à un philosophe quelle sorte de femme *il* devait prendre. *Je* n'en sais rien, répondit-*il* : jolie, *elle vous* trahira; laide, *elle vous* déplaira; pauvre, *elle vous* ruinera; riche, *elle vous* maîtrisera. — On rapporta à Frédéric-le-Grand que quelqu'un avait mal parlé de lui. *Il* demanda si cette personne avait cent mille hommes. — On *lui* répondit que non. Eh bien! reprit le roi, *je* ne puis *lui* rien faire; s'*il* avait cent mille hommes, *je lui* déclarerais la guerre. — Si *vous* voulez *vous* débarrasser de quelqu'un, prêtez-*lui* de l'argent. — Un prêtre interrogeait un enfant, en *lui* demandant où est Dieu ? — Je *vous le* dirai, répondit l'enfant, quand *vous m'*aurez dit où *il* n'est pas.

# N° XLIX.

### FONCTIONS DES PRONOMS PERSONNELS.

*Je, tu, il, ils,* sont toujours employés comme sujets.

*Moi, toi, nous, vous, elle, elles, eux, lui* (masculin), *soi,* sont tantôt sujets, tantôt compléments soit directs, soit indirects.

*Me, te, se, lui,* ( féminin pour *à elle* ) sont toujours compléments soit directs, soit indirects.

*Le, la, les* sont toujours compléments directs. ( Ils sont *articles* quand ils sont placés devant un substantif; ils sont *pronoms* quand ils sont placés avant ou après un verbe ).

*Leur, en, y,* sont toujours compléments indirects.

### Lecture.

1. Mon fils, *je me* flatte que *je* serai toujours content de ta conduite.
2. *Je me* dis souvent que *nous* serions heureux, si *nous* savions borner nos désirs.
3. Mon pauvre ami, *tu te* flattes en vain de réussir.
4. Ma fille, *je te* recommande d'être studieuse, douce et obéissante.
5. Mes enfants, tâchez de *vous* faire estimer.
6. Mes enfants, apprenez l'anglais. Cette langue *vous* sera très-utile.
7. J'ai beau gronder cet élève, *lui* recommander d'être sage, *il* ne veut pas *se* corriger.
8. J'ai beau gronder cette demoiselle, *lui* recommander d'être sage, *elle* ne veut que *se* nuire.

ANALYSE.—*Je* pronom personnel masculin singulier, sujet du verbe *flatter; me,* pronom personnel masculin singulier complément direct de *flatter, je flatte moi.*

### Dictee.

( Analyser les pronoms personnels.)

Évite ce qui peut *te* nuire et *te* rendre désagréable aux yeux des autres. — Messieurs, *vous* êtes riches, *vous* n'aurez pas de peine à *vous* faire des amis. — *Je* voudrais bien, mesdames, *vous* démontrer combien il importe que *vous* nourrissiez et que *vous* éleviez vos enfants.—Tâchons d'imiter *les* grands hommes; la reconnaissance des nations *leur* a érigé des statues.— Il faut savoir *s'*imposer des privations. — Quand *je* rencontre des vieillards, *je les* salue toujours. — En parlant trop avantageusement de *soi*, on est sûr de *se* faire tort dans l'esprit des autres. — Tromper les autres, c'est *s'*exposer à être trompé *soi-même*. — Le cheval marche, *il* trotte, *il* galope. — *Je* ne veux pas *vous* quitter. — *Je* n'ai pas l'intention de *vous* faire aucun mal. — *Je vous* prie de *vous* dépêcher. — *Je lui* répète que *je* n'ai pas besoin d'*elle.* — *Vous* pouvez prévenir ces dames que *je* suis prêt à *les* recevoir. — Dites à cette dame que *je lui* rendrai justice. — Le cœur *me le* disait. — Cela *m'*est tout-à-fait égal.

## N° L.

### ÉLISION DE L'*e* FINAL DE *je, me, te, se, le, la.*

Les pronoms personnels *je, me, te, se, le, la*, placés devant un mot commençant par voyelle ou par *h* non aspiré, occasionneraient un hiatus désagréable. C'est pour éviter cet hiatus qu'en pareille rencontre on supprime la lettre finale, et qu'on la remplace par l'apostrophe.

#### Exemples.

*Je* déteste. — *J'*applaudis. — Il *me* supplie. — Il *m'*égratigne. — Je *te* comprends. — Il *t'*irrite. — Il *se* vante. — Ils *s'*observent. — Vous *le* cajolez. — Vous *l'*utiliserez. — Ai-*je* été dupe? — *J'*ai été dupe.

#### Lecture.

1. *Je te* verrai sans ombre, ô vérité céleste !
2. *Me* voilà seul portant la peine universelle !
3. *Te* montrerai-*je* les objets tels qu'ils sont?
4. *Se* vaincre appartient aux héros.
5. *Le* voilà donc rempli cet oracle funeste!
6. *J'*avais encor tes vœux; j'avais encor ton cœur.
7. Ne *m'*ôtez pas ce bien dont je suis si jaloux.
8. *T'*attendre aux yeux d'autrui, quand tu dors, est erreur.
9. *S'*étonner est du peuple, admirer est d'un sage.
10. *L'*a-t-on vu (le coursier) paissant l'herbe fleurie,
    Contempler les tableaux de la terre embellie?

ANALYSE. — Dans les cinq premiers exemples, *je, me, te, se, le,* n'ont point subi d'élision, parce qu'ils sont suivis d'un mot commençant par consonne.

Dans les cinq derniers exemples, au contraire, *je, me, te, se, le,* ont subi l'élision, parce qu'ils sont suivis d'un mot commençant par voyelle.

#### Dictée.

( Souligner et analyser les pronoms suivants.)

Ne *t'*attends qu'à toi seul. — On ne doit *se* fier qu'à sa propre vertu. — Ne t'en remets à personne. — Si tu veux qu'on t'épargne, épargne aussi les autres. — L'un l'autre s'envier, c'est le commun travers. — Que la prospérité du crime s'écoule avec rapidité! — Apprendre à se connaître est le premier des biens. — Le bel-esprit s'éclipse à côté du génie. — Qui croit mourir demain se tient sur le qui-vive. — La multitude est prompte à se venger. — Oblige quand tu peux; mérite que l'on t'aime. — Nuire à son bienfaiteur, c'est se nuire à soi-même. — La paix est fort bonne de soi, j'en conviens. — Chacun se peint dans ce qu'il fait. — Il est de doux penchants qu'on s'obstine à garder. — L'homme le plus heureux est celui qui croit l'être. — J'aimerais assez qu'on fût reconnaissant.

<hr>

## N° LI.

### DES PRONOMS DÉMONSTRATIFS.

Les pronoms démonstratifs sont ceux qui servent à désigner les personnes ou les choses dont on parle. Ces pronoms sont :

|  | SINGULIER. |  | PLURIEL. |
| --- | --- | --- | --- |
| Masculin. | Féminin. | Masculin. | Féminin. |
| CELUI, | celle, | ceux, | celles. |
| CELUI-CI, | celle-ci, | ceux-ci, | celles-ci. |
| CELUI-LA, | celle-là, | ceux-là, | celles-là. |

Ce, ceci, cela, n'ont pas de pluriel.

Celui-ci, celle-ci, s'emploient pour désigner des choses proches; et celui-là, celle-là, pour désigner des choses éloignées.

Quand ce est placé devant un substantif, il est adjectif: quand il est placé devant un verbe il est pronom.

Le pronom personnel se est toujours devant un verbe réfléchi; le pronom ce ne s'y trouve jamais.

### Lecture.

1. Le suffrage de la nature l'emporte sur celui de l'art.
2. On fabrique maintenant des fusils à piston: ceux que l'on fabriquait autrefois offraient moins d'avantages.
3. Les cornes sont la défense du taureau; l'aiguillon, celle de l'abeille; la raison, celle de l'homme.
4. Les hommes qui ont le plus vécu ne sont pas ceux qui

ont compté le plus d'années, mais *ceux* qui ont le mieux employé *celles* qui leur ont été départies.

**ANALYSE.** — Dans le premier exemple, le pronom démonstratif *celui* est du masculin singulier, parce qu'il se rapporte au substantif *suffrage,* qui est du masculin et au singulier.

### Dictée.

( Souligner et analyser les pronoms démonstratifs suivants.)

Votre silence et *celui* de votre père m'en disent assez. — Vos pleurs et *ceux* de votre ami me touchent. — Votre opinion est *celle* de tout le monde. — Vos paroles et *celles* de votre sœur sont discrètes. — Vous avez le pouvoir de parler, mais non *celui* de m'outrager. — N'oubliez ni les bienfaits de Dieu ni *ceux* de vos parents. — J'eus *celui-ci*, mon frère *celui-là*. — Prenez *ceux-ci* et *ceux-là*. — L'un aime mieux *celle-ci*, l'autre *celle-là*.— Evitez *celles-là*, et imitez *celles-ci*.—*Ce* qui perd les jeunes gens.—*Ce* que vous dites. — *C'est* mon ami. — Est-*ce* votre ami ? —Songez à *ce* qui doit nous servir.—Veillez à *ce* qu'il fait. — *C'était* son idée fixe. — Etait-*ce* un savant?

## N° LII.

### DES PRONOMS POSSESSIFS.

Les pronoms *possessifs* sont ceux qui rappellent l'idée du substantif, en y ajoutant une idée de possession. Ce sont :

| SINGULIER. | | PLURIEL. | |
|---|---|---|---|
| Masculin. | Féminin. | Masculin. | Féminin. |
| LE MIEN, | *la mienne,* | *les miens,* | *les miennes.* |
| LE TIEN, | *la tienne,* | *les tiens,* | *les tiennes.* |
| LE SIEN, | *la sienne,* | *les siens,* | *les siennes.* |
| LE NÔTRE, | *la nôtre,* | *les nôtres,* | |
| LE VÔTRE, | *la vôtre,* | *les vôtres,* | des deux genr. |
| LE LEUR, | *la leur,* | *les leurs,* | |

On met un accent circonflexe sur l'*o* dans *nôtre*, *vôtre*, quand ces mots sont placés après un article : ce château est le *nôtre*; celui-ci est le *vôtre*; ces propriétés sont *les nôtres*, et non *les vôtres*.

### Lecture.

1. L'ambition ni la fumée ne touchent point un cœur comme *le mien*.

2. Ami, dit l'un, tes yeux sont meilleurs que *les miens.*
3. Mon cœur dans *le tien* se plaît à s'épancher.
4. Je veux lui faire connaître mes sentiments et *les tiens.*
5. Jugez mes raisons et *les siennes.*
6. Un faquin réussit dans ses projets, et un honnête homme échoue dans *les siens.*
7. Votre gloire, comme *la mienne,* est dans le bonheur public.
8. Damon, quel malheur est *le nôtre!*
9. Excusons les défauts d'autrui; n'avons-nous pas *les nôtres?*
10. Jamais crainte ne fut plus juste que *la vôtre.*
11. Ils attendent votre jugement, pour y conformer *le leur.*
12. Mon ambition autorise *la leur.*
13. Vous ignorez encore mes pertes et *les vôtres.*
14. Voilà mes raisons; pesez *les leurs,* et comparez.

ANALYSE. — *Le mien,* pronom possessif masculin singulier, parce qu'il se rapporte à *cœur,* substantif masculin singulier.

### Dictée.

( Mettre au pluriel les phrases suivantes. )

Ce livre est *le mien.* — Ce chapeau est *le sien.* — Cette plume est *la mienne.* — Ce canif est *le vôtre.* — Cette maison est *la leur.* — Ce parapluie est *le nôtre.* — Ce chien est *le leur.* — Ce bureau est *le vôtre.* — Cette cravate est *la sienne.* — Ce pantalon est *le mien.* — Cette chemise est *la vôtre.* — Ce cheval est *le tien.* — Cette voiture est *la tienne.*

## N° LIII.

### DES PRONOMS RELATIFS.

Les pronoms *relatifs* sont ainsi appelés à cause de la relation intime qu'ils ont avec un substantif ou un pronom qui précède, et dont ils rappellent l'idée. Ces pronoms sont :

1° *Qui, que, quoi, dont, où,* pour les deux genres et les deux nombres.

2° *Lequel, duquel, auquel.*

| SINGULIER. | | PLURIEL. | |
|---|---|---|---|
| Masculin. | Féminin. | Masculin. | Féminin. |
| *Lequel,* | *laquelle,* | *lesquels,* | *lesquelles.* |
| *Duquel,* | *de laquelle,* | *desquels,* | *desquelles.* |
| *Auquel,* | *à laquelle,* | *auxquels,* | *auxquelles.* |

L'*e* final de *que* s'élide lorsque ce pronom est suivi d'un mot commençant par voyelle.

Les pronoms relatifs s'accordent en genre, en nombre et en personne avec leur antécédent, c'est-à-dire avec le mot qui *marche devant*, qui *précède*.

### Lecture.

1. Le fer *qui* tranche tout n'est qu'un moyen vulgaire.
2. Je méconnais les grands *qui* n'ont pas l'ame grande.
3. La douleur *qui* se tait n'en est que plus funeste.
4. Loin des personnes *qui* nous sont chères, toute demeure est un désert.

ANALYSE. — Dans le premier exemple, le pronom *qui* est du masculin, au singulier et de la troisième personne, parce que son antécédent *le fer* est du masculin, du singulier et de la troisième personne.

### Dictée.

( Souligner et analyser les pronoms relatifs suivants. )

Le savoir *que* je lui connais. — La vertu *que* cette dame préfère. — La douceur *qu'*elle montre. — Les talents *que* l'instruction fait éclore. — Les espérances *qu'*un seul jour a détruites. — Les services *que* je lui ai rendus. — Le malheur *qui* vous accable. — La personne *qui* vous a frappé. — Les jeunes gens *qui* vous ont rencontré. — Les jeunes personnes *qui* sont venues. — Le malheur *dont* vous êtes victime. — La considération *dont* il jouit. — Les honneurs *dont* nous sommes comblés. — Les amitiés *dont* elle se défie. — L'ami sur *lequel* je compte. — La joie avec *laquelle* j'ai reçu votre lettre. — Le malade au rétablissement *duquel* je m'intéresse. — La personne aux soins de *laquelle* je dois tout. — Le bonheur *auquel* j'aspire. — L'espérance à *laquelle* il se livre. — Les honneurs sur *lesquels* vous comptez. — Les lois sous *lesquelles* nous vivons. — Le bonheur *où* j'aspire. — La ville d'*où* j'arrive. — Les regards *où* sa colère est peinte. — Les provinces par *où* vous passerez.

---

## N° LIV.

### DES PRONOMS INTERROGATIFS.

Les pronoms *interrogatifs* sont ceux qui servent à interroger ; ces pronoms sont :

*Qui? que ? quoi? à quoi? de quoi ? lequel? laquelle? lesquels? lesquelles? duquel? de laquelle? desquels? desquelles? auquel? à laquelle? auxquels ? auxquelles ? quel? quels? quelle? quelles ?*

## Exemples.

*Qui* vous l'a dit ? — *Que* faites-vous ? *A quoi* passez-vous votre temps ? — *De quoi* vous mêlez-vous ? — *Lequel* préférez-vous ? — *Laquelle* vous plaît le plus ? — *De laquelle* voulez-vous de ces deux pommes ? — *A laquelle* donnez-vous la préférence ? — *Quel* est-il ? — *Quelle* est-elle ? — *Quels* sont-ils ? — *Quelles* sont-elles ?

## Lecture.

1. *Qui* peut dire s'il vivra demain ?
2. *Que* peut le courage contre des assassins ?
3. *A quoi* sert le bonheur d'être né vertueux ?
4. *Quel* est donc votre mal ?
5. *Quelle* est donc cette faculté appelée raison ?
6. *Laquelle* préfères-tu d'Athènes ou de Rome ?
7. *Lequel* vaut le mieux, de ce que tu dis ou de ce que tu fais ?
8. *Quelles* sont donc les raisons que vous avez à opposer ?
9. *A qui*, Dieu tout-puissant, donnez-vous des grandeurs ?
10. *De quoi*, n'est pas capable un cœur que la jalousie noircit ?

ANALYSE. — Dans le premier exemple, le pronom interrogatif *qui* est employé pour QUELLE PERSONNE. *Qui peut dire ?* c'est-à-dire : QUELLE PERSONNE *peut dire ?* Dans le second exemple, *que* est pour *quelle chose : Que peut le courage ?* C'est-à-dire : QUELLE CHOSE *peut le courage ?*

## Dictée.

(Souligner et analyser les pronoms interrogatifs.)

*Qui* sera nommé cardinal ? — *Que* peut-on faire de mieux ? — *Quoi* peut vous arrêter ? — Dites-moi *quoi* ? — *A quoi* s'amuse-t-il ? — *De quoi* ne s'avisent pas les enfants ? — *Lequel* vaut mieux de ces deux poulets ? — *Laquelle* sent meilleur de ces deux roses ? — *Lesquels* sont mieux faits de tous ces portraits ? — *Lesquelles* de toutes ces dames iront à la promenade ? — *Duquel* parlez-vous de ces deux hommes ? — *De laquelle* s'occupera-t-on de ces deux affaires ? — *Desquels* se débarrassera-t-on, de tous ces prisonniers ? — *Desquelles* voulez-vous manger de ces poires ? — *Auquel* accordera-t-on la priorité de ces deux élèves ? — *A laquelle* doit-on donner le prix, de ces deux écolières ?

## N° LV.

### DES PRONOMS INDÉFINIS.

Les pronoms *indéfinis* sont ceux qui rappellent l'idée des personnes ou des choses d'une manière vague, indéterminée, indéfinie. Ces pronoms sont : *on, quiconque, autrui, chacun, chacune, tout, tous, rien, quelqu'un, quelqu'une, personne, l'un, l'une, l'autre, les uns, les unes, les autres, qui que ce soit, quoi que ce soit, nul, aucun, tel, plusieurs, l'un et l'autre, l'une et l'autre, les uns et les autres, les unes et les autres.* Ces pronoms sont de la troisième personne.

#### Lecture.

1. *On* a souvent besoin d'un plus petit que soi.
2. *Quiconque* désire toujours, passe sa vie à attendre.
3. Par soi-même on peut juger d'*autrui*.
4. *Personne* ne veut être plaint de ses erreurs.
5. Envier *quelqu'un*, c'est s'avouer son inférieur.
6. *Chacun* fait ici-bas la figure qu'il peut.
7. *Tel* est pris qui croyait prendre.
8. *Tout* s'ébranle, *tout* sort, *tout* marche en diligence.
9. Parfois *plusieurs* valent mieux qu'un.
10. *Nul* à Paris ne se tient dans sa sphère.
11. Que *chacun* se retire, et qu'*aucun* n'entre ici.
12. Dans ce monde il se faut *l'un l'autre* secourir.

ANALYSE. — *On*, pronom indéfini de la troisième personne.

#### Dictée.

(Souligner et analyser les pronoms indéfinis.)

*On* voit les maux d'*autrui* d'un autre œil que les siens. — *Quiconque* est né envieux et méchant est naturellement triste. — Il n'est *personne* qui ne cherche à se rendre heureux. — Il est toujours *quelqu'un* qui cherche à nous trahir. — *Chacun* a son défaut où toujours il revient. — *Tel* donne à pleines mains qui n'oblige personne. — La mort nous sépare de *tout*. — *Plusieurs* pensent le contraire. — *Nul* n'aime à fréquenter les fripons, s'il n'est fripon lui-même. — On doit ne se rendre suspect à *aucun* et se faire aimér de *tous*. — *Rien* n'est beau que le vrai. — *L'un et l'autre*, à mon sens, ont le cerveau troublé. — Lorsque *l'on* pend *quelqu'un*, on lui dit pourquoi c'est. — *Tous* les biens sont mêlés, et *chacun* a sa peine.

## QUESTIONNAIRE.

47. Qu'est-ce qu'un pronom?

48. Combien y a-t-il de sortes de pronoms? — Nommez-les. — Qu'entend-on par pronoms personnels? — Combien y a-t-il de personnes? — Quelle est la première? la seconde? la troisième? — Nommez les pronoms personnels de la première personne, ceux de la seconde, ceux de la troisième.

49. Quelles sont les fonctions des pronoms personnels?

50. Dans quels cas a lieu l'élision de l'*e* ou de l'*a* final de *je, me, te, se, le*, et de *la*?

51. A quoi servent les pronoms démonstratifs? — Quels sont-ils? — Quelle différence y a-t-il entre *ce* pronom et *ce* adjectif?

52. A quoi servent les pronoms possessifs? — Quels sont-ils? — Quand met-on un accent circonflexe sur *notre, votre*?

53. A quoi servent les pronoms relatifs? — Quels sont-ils? — Quand s'élide l'*e* du pronom *que*? — Comment s'appelle le substantif ou le pronom qui précède les pronoms relatifs?

54. A quoi servent les pronoms interrogatifs? — Quels sont-ils?

55. A quoi servent les pronoms indéfinis? — Quels sont-ils?

# CHAPITRE CINQUIÈME.

## DU VERBE.

### N° LVI.

On appelle *verbes* les mots qui expriment l'existence ou l'action, c'est-à-dire qui indiquent qu'une personne ou une chose est dans tel état ou fait telle ou telle action.

Tout mot qu'on peut mettre après *je, tu, il, elle, nous, vous, ils*, etc., est un VERBE; *rire, pleurer, manger, dormir*, sont des verbes, parce qu'on peut dire : *Je ris, je pleure, je mange, je dors*.

**Lecture.**

1. *Souffrir est* son destin, *bénir est* son partage.
2. *Bâtir est* beau, mais *détruire est* sublime.
3. *Haïr est* bon, mais *aimer vaut* bien mieux.

4. *Aimer* sans espérance *est* un cruel ennui.
5. *S'accommoder* à tout *est* chose nécessaire.
6. *Vendre* cher notre vie *est* tout ce qui nous *reste*.

ANALYSE. —*Souffrir* est un verbe, parce que je puis dire :
*Je souffre, tu souffres, il* ou *elle souffre,* etc.

### Dictée.

(Souligner et analyser les verbes suivants.)

L'oisiveté *est* la mère de tous les vices. — Un homme qui
*n'a* pas d'occupations fixes ne *s'estime* pas lui-même ; il *erre*
sans but et *s'abandonne* à tous ceux qui *veulent* l'entraîner
au mal, et *finit* toujours par *succomber* à la tentation. Celui
qui *travaille* dans un but utile *acquiert,* par l'emploi de ses
facultés, de l'empire sur lui-même, et *gagne* sa propre estime ; une activité bien entendue *fournit* au corps et à l'esprit une occupation proportionnée à leurs forces, et ne *laisse*
pas d'accès aux rêveries oiseuses ou aux mauvaises pensées.
Le travail *procure* le contentement. — L'adversité *fait*
l'homme. — La plainte *aigrit* les cœurs. — Le ciel *protège*
Troie. — La lecture *agrandit* l'ame, et un ami éclairé la
*console*. — On *conduit* la nature, on ne la *change* pas. —
On *pend* les volereaux, et les brigands *demeurent*. — *Con-
servons* chèrement nos amis et nos mœurs.

# N° LVII.

### DU SUJET DU VERBE.

Nulle *action* ne peut avoir lieu, à moins que quelqu'un
ne la fasse; nul *état* ne peut être, que quelqu'un ne soit dans
cet état.

On appelle *sujet* du verbe, la personne ou la chose qui fait
l'action ou qui est dans l'état exprimé par le verbe.

Tout mot qui répond à l'une des questions *qui est-ce qui ?*
*qu'est-ce qui ?* en ajoutant à ces questions le verbe dont on
désire connaître le sujet, est le véritable sujet de ce verbe.

### Exemples.

*Nous travaillons.* — Qui est-ce qui *travaille?* Rép. *Nous.*
*Dieu nous voit.* — Qui est-ce qui nous *voit?* Rép. *Dieu.*
*Le chien aboie.* — Qu'est-ce qui *aboie?* —Rép. *Le chien.*
*Nous, Dieu, chien* sont donc les sujets de *travaille,
voit, aboie.*

Le sujet d'un verbe peut être :

1° Un *pronom*. . . . . . . . *Nous* lisons.
2° Un *substantif*. . . . . . *Dieu* voit tout.
3° Un *infinitif*. . . . . . . *Haïr* est un tourment.
4° Un *adverbe* de quantité. *Beaucoup* de personnes disent cela.

### Lecture.

1. *Je* PUIS faire les rois, *je* PUIS les déposer.
2. *Tu* RÉGNERAIS encore si *tu* l'AVAIS voulu.
3. *Dieu* TIENT le cœur des rois entre ses mains puissantes.
4. *L'homme* EST né pour régner sur tous les animaux.
5. *Aimer* EST un besoin de l'ame.
6. *Dissimuler* n'EST pas mon caractère.
7. *Tant* de coups imprévus m'*accablent* à la fois !
8. *Assez* de gens MÉPRISENT le bien, mais *peu* SAVENT le donner.

ANALYSE. — *Je puis faire les rois.* Question. Qui est-ce qui peut faire les rois ? Réponse. *Je ;* donc *je* est le sujet du verbe *puis*.

### Dictée.

(Souligner et analyser les mots qui servent de sujets.)

*Les mortels* sont égaux. — *L'analyse* est la source des découvertes.—*Tout le monde* hait un ingrat.—*Nous* inventons tous les jours des modes ridicules. — *Je* chanterai le maître que j'adore. — *Il* me tira de mon obscurité. — *La vie* est un sommeil. — *Je* m'étais ennuyé long-temps, et *j'*en avais ennuyé bien d'autres. — *Je* sais coudre une rime au bout de quelques mots. — *Nous* ne croyons le mal que quand *il* est venu. — *J'*ai vaincu, *j'*ai régné ; maintenant *je* veux vivre. — *Jugurtha* fut vaincu, *Mithridate* est soumis. — *Les dieux* pourvoient à tous nos besoins. — *Dieu* enverra à ses disciples un consolateur. — *Il* tourne au moindre vent, *il* tombe au moindre choc. — *Nous* devons travailler à notre salut. — *Elle* a vécu l'espace d'un matin. — O soleil ! *tu* es un rayon de la gloire de Dieu. — *Haïr* est un tourment. — *Tenir* vaut mieux que d'attendre. — *Mourir* n'est rien. — *Souffler* n'est pas jouer. — *Ils* ne reverront plus leur pays natal. — Bel enfant ! *tu* dors d'un sommeil paisible.—*Beaucoup* d'hommes y sont pris.

## N° LVIII.

### DU RÉGIME DES VERBES.

Le régime d'un verbe est le mot ou les mots qui dépendent de ce verbe et qui en complètent le sens.

Dans *aimons* DIEU, le mot *Dieu* sert à compléter le sens du verbe *aimons*; *Dieu* est le régime de ce verbe.

Dans *tout vient* DE DIEU, l'expression *de Dieu* sert à compléter le sens du verbe *vient*; cette expression *de Dieu* est donc le régime de ce verbe.

Les verbes admettent deux sortes de régimes : le *régime direct*, et le *régime indirect*.

Le régime *direct* est celui qui complète directement le sens d'un verbe, c'est-à-dire sans le secours d'aucun autre mot intermédiaire. Il répond à la question *qui?* pour les personnes, et *quoi?* pour les choses. *J'aime* L'ÉTUDE; *on estime* LES GENS VERTUEUX. J'aime *quoi?* L'ÉTUDE; on estime *qui?* LES GENS VERTUEUX. *L'étude* et *les gens vertueux* sont donc les régimes directs des verbes *j'aime*, *on estime*.

Le régime *indirect* est celui qui complète la signification du verbe au moyen d'un mot intermédiaire, tels que *à*, *pour*, *de*, *avec*, *dans*, etc. Il répond à l'une des questions *à qui? de qui? pour qui? avec qui?* etc. pour les personnes, et *à quoi? de quoi? pour quoi? avec quoi?* etc. pour les choses : *Nuire à ses intérêts*, *médire de quelqu'un*; nuire à quoi? A SES INTÉRÊTS. Médire de qui ? DE QUELQU'UN. *A ses intérêts*, *de quelqu'un* sont donc les régimes indirects des verbes *nuire* et *médire*.

Les mots qui peuvent servir de régimes directs sont : les *substantifs*, les *pronoms* et les *infinitifs*.

Dieu créa *le monde.* — Dieu créa quoi? — *Le monde.*

Nous *nous* flattons. — Nous flattons qui ? — *Nous.*

Cet enfant veut *lire.* — Il veut quoi ? — *Lire.*

### Dictée.

(Souligner et analyser les mots employés comme régimes.)

Un travail infatigable surmonte *toutes les difficultés.* — Une jeune bergère cueillit *une rose.* — Ne forçons point *notre talent.* — La douleur a toujours *ses dards.* — L'éclat abuse *le vulgaire.* — Respectez-*vous.* — Les égards ont *leur prix.*

— L'ingratitude lasse *la bienfaisance*. — Même infortune assortit *les humeurs*. — Aux intérêts d'autrui nous préférons *les nôtres*. — Sans intérêt obligeons *les humains*. — Il faut ménager *tous les hommes*. — Le mérite fait *tout*. — Il faut obliger *tout le monde*. — Obéissons *aux lois*. — Mieux vaut céder *à sa famille* que d'obéir *à ses valets*. — Tout finit par céder *à la persévérance*. — Il faut servir *le peuple* afin de plaire *au prince*. — La détresse succède *à la prospérité*. — Pratiquez *la vertu*. — On court *à sa perte* quand on sort *de son état*. — La discorde enfante *la ruine*. — La modestie ajoute *au mérite*. — César combattit contre *Pompée*. — Apelle excellait *dans la peinture*. — La jeunesse est embellie *par les grâces*. — Trois cents Spartiates périrent *pour la patrie*. — Le doute conduit *à la vérité*. — La force cède *à la valeur*. — Nous naissons *dans les pleurs*. — La précipitation nuit *au succès*.

---

## N° LIX.

### DE LA PERSONNE DANS LES VERBES.

Tout verbe devant lequel on met *je, nous*, est à la première personne : *je* LIS, *nous* LISONS.

Tout verbe devant lequel on met *tu, vous*, est à la seconde personne.

Tout verbe devant lequel on met *il, elle, ils, elles*, ou un substantif quelconque, est à la troisième personne.

#### Exemples.

Je *travaille*. — Nous *buvons*. — Tu *dors*. — Vous *riez*. — Il *crie*. — Elle *chante*. — Ils *plaisantent*. — Elles *brodent*. — L'agneau *bêle*. — Les vagues *mugissent*. — La trompette *sonne*. — La tourterelle *gémit*.

#### Lecture.

1. JE *puis* faire les rois, JE *puis* les déposer.
2. NOUS ne *vivons* jamais, NOUS *attendons* la vie.
3. TU *régnerais* encore si TU l'*avais* voulu !
4. VOUS ne *parviendrez* pas à changer le cœur des ingrats.
5. IL *accusait* toujours les miroirs d'être faux.
6. ELLE *était* à genoux au pied d'un vieux chêne.
7. ILS *vont* où le devoir les appelle.
8. ELLES *sèment* des roses célestes sur le cours de notre vie.

9. **Le paralytique** voudrait marcher.
10. **Le moissonneur** lie les gerbes.

**Analyse.** — Dans le premier exemple, *puis* est à la première personne, à cause du pronom *je*, placé devant, qui est de la première personne.

### Dictée.

(Souligner et analyser les verbes.)

Ne vous *fiez* pas à la première apparence. — Jamais nous ne *devons* juger sur l'apparence. — Nous *courons* après la fortune. — Prêtez l'oreille aux scélérats, ils *voudront* vous en faire accroire. — On *dédaigne* l'utile, on *chérit* l'agréable. — Les dieux *comblent* de biens le sage agriculteur. — Aide-toi, le ciel t'*aidera*. — Il *faut* aimer ceux qui nous *font* du bien. — L'aisance *étouffe* l'industrie. — L'ambition *conduit* souvent à la folie. — On *voit*, dans le siècle où nous *sommes*, moins de vrais amis que de faux. — L'amitié *disparaît* où l'égalité *cesse*. — Nous perdons tout par trop d'avidité. — Qui *veut* trop avoir *laisse* tout échapper. — Les battus *paient* l'amende. — Je ne m'en *prends* qu'au vice et jamais à la loi. — Je ne t'en *voudrai* pas pour cela plus de mal. — Le fermier *bat* le blé. — Le joueur *veut* gagner.

---

## N° LX.

### DU NOMBRE DANS LES VERBES.

Il y a dans les verbes deux *nombres :* le *singulier*, quand on parle d'une seule personne ou d'une seule chose, comme *je lis*, l'*enfant dort ;* le *pluriel*, quand on parle de plusieurs personnes, de plusieurs choses, comme *nous lisons*, *les enfants dorment*.

### Exemples.

Le chat *est* faux. — Les chats *sont* faux. — Le cheval *hennit*. — Les chevaux *hennissent*. — La vache *beugle*. — Les vaches *beuglent*. — Le taureau *mugit*. — Les taureaux *mugissent*. — Le lion *rugit*. — Les lions *rugissent*. — Le cochon *grogne*. — Les cochons *grognent*. — Je *chante*. — Nous *chantons*. — Tu *as* tort. — Vous *avez* tort. — Il *va* sortir. — Ils *vont* sortir.

### Lecture.

1. Dieu *tient* le cœur des rois entre ses mains puissantes.

2. Les rois *tiennent* leurs droits de Dieu.
3. L'homme *est* né pour régner sur tous les animaux.
4. Les hommes *sont* encore enfants à soixante ans.
5. La colombe *attendrit* les échos des forêts.
6. Les cœurs ambitieux ne s'*attendrissent* pas.
7. L'huile *coule* à flots d'or aux bords de la Durance.
8. Mes vers comme un torrent *coulent* sur le papier.
9. La plante *a* son hymen, la plante *a* ses amours.
10. Les arbres *ont* leur vie, et les bois leurs prodiges.
11. La religion *veille* sur les crimes secrets.
12. Les lois *veillent* sur les crimes publics.

ANALYSE.—Dans le premier exemple, *tient* est au singulier, à cause de *Dieu* qui est du singulier; dans le second, *tiennent* est au pluriel, à cause de *rois* qui est du pluriel.

### Dictée.

(Souligner et analyser les verbes suivants.)

Le chien *aboie.* — Les chiens *aboient.* — Le chat *miaule.* — Les chats *miaulent.* — La souris *crie.* — Les souris *crient.* — La chèvre *bêle.* — Les chèvres *bêlent.* — Le loup *hurle.* — Les loups *hurlent.* — Le renard *glapit.* — Les renards *glapissent.* — La cigogne *craquette.* — Les cigognes *craquettent.* — Le coq *chante.* — Les coqs *chantent.* — Le pigeon *roucoule.* — Les pigeons *roucoulent.* — La grenouille *coasse.* — Les grenouilles *coassent.* — L'écureuil *grimpe.* — Les écureuils *grimpent.* — L'agneau *bondit.* — Les agneaux *bondissent.*

---

## N° LXI.

### DES TEMPS DANS LES VERBES.

Il y a trois temps principaux dans les verbes :

1° Le *présent*, qui marque que la chose se fait au moment où l'on parle : *je mange* est au présent, parce que l'action de manger se fait au moment où l'on parle.

2° Le *passé*, qui marque que la chose a été faite; *j'ai mangé*, est au passé, parce que l'action de manger a été faite.

3° Le *futur*, qui marque que la chose se fera après le moment où l'on parle ; *je mangerai*, est au futur, parce que l'action de manger ne se fera que plus tard.

### Exemples.

Je *chante.* — J'ai *chanté.* — Je *chanterai.* — Je *bois.* —

*J'ai bu.* — *Je boirai.* — *Je travaille.* — *J'ai travaillé.* — *Je travaillerai.* — *J'étudie.* — *J'ai édudié.* — *J'étudierai.* — *Je dors.* — *J'ai dormi.* — *Je dormirai.*

### Lecture.

1. *J'attends* de Bérénice un moment d'entretien.
2. Je *fuis* de leurs respects l'inutile longueur.
3. Les Français *descendent* des Germains.
4. Je le *hais* d'autant plus que vous lui *pardonnez.*
5. Qu'ai-je *vu?* qu'ai-je *ouï?*
6. Elle *a péri* dans le vaisseau où elle *s'embarqua.*
7. On prétend que Thésée *a paru* dans l'Épire.
8. Je t'ai déjà *dit* que j'étais gentilhomme.
9. Vous me *rendrez* justice en me connaissant mieux.
10. Je *tiendrai* tout ce que *j'ai promis.*
11. Non, je ne *verrai* point un si cruel malheur.
12. Ils *mourront* de ma main.

ANALYSE. — *Attends* est au présent, parce qu'il s'agit d'une action qui a lieu au moment de la parole; *a péri* est au passé, parce qu'il s'agit d'une action passée; *rendrez* est au futur, parce qu'il s'agit d'une chose qui se fera. Mêmes raisonnements pour les autres verbes cités.

### Dictée.

(Souligner et analyser les verbes suivants.)

Nous *partîmes* cinq cents. — Nous nous *vîmes* trois mille en arrivant au port. — Je ne *sais* où je *vais.* — Je ne *sais* où je *suis.* — Je *cueille* en ce jour le fruit de tous mes crimes. — Tant d'insolence vous *sied* bien. — Je *viens* vous dire un éternel adieu. — Je *vais* dans mon palais attendre ton retour. — Elle lui *a envoyé* la réponse ce matin. — La modération de Télémaque *vainquit* tous les ressentiments de Philoctète. — L'ennui *naquit* un jour de l'uniformité. — Il *parut* devant vous avec tout son éclat. — Des froideurs de Titus je *serai* responsable. — Adieu, mon père, je ne vous *verrai* plus. — Tu *sauras* mon crime et le sort qui *m'accable.* — Tu *mourras.*

---

## N° LXII.

### AUTRES TEMPS DU PASSÉ ET DU FUTUR.

Il y a cinq autres temps destinés à indiquer les diverses sortes de passé et de futur.

*L'imparfait*, qui marque que l'état ou l'action est bien passée par rapport au moment où l'on parle; mais qu'elle était présente, qu'elle était encore *imparfaite* par rapport à une autre action, à un autre état passé : *je* LISAIS *quand vous êtes entré.*

Le *passé défini*, qui marque que l'état ou l'action a eu lieu dans une époque passée, mais déterminée, totalement écoulée : *je* VOYAGEAI *l'année dernière.*

Le *passé indéfini*, qui indique l'état ou l'action comme passée, mais sans préciser nullement l'époque du passé où elle s'est faite ; et elle reste indéfinie tant qu'on n'y joint pas quelques mots plus précis, comme *hier*, il y a *deux ans*, *ce matin*, etc. *J'ai joué* est donc avec raison nommé un *passé indéfini.*

Le *passé antérieur*, qui exprime l'état ou l'action comme ayant eu lieu *antérieurement* à une autre dans une époque passée : *quand j'*EUS DINÉ, *je partis.*

Le *plus-que-parfait*, qui marque non seulement que l'état ou l'action est passée par rapport au temps où l'on parle, mais qu'elle était déjà *parfaitement* achevée par rapport à une autre action passée ; c'est, pour ainsi dire, maintenant un *double-passé.*

### Lecture.

1. Les habitants *abandonnaient* la ville quand des secours leur arrivaient.
2. Les habitants *abandonnèrent* la ville aussitôt après l'arrivée des ennemis.
3. Les habitants *ont abandonné* la ville.
4. Quand les habitants *eurent abandonné* la ville, l'ennemi y entra.
5. Les habitants *avaient abandonné* la ville, lorsque l'ennemi est arrivé.

ANALYSE. — *Abandonnaient* est à l'imparfait, parce que ce verbe présente l'action comme faite dans un temps passé, mais en même temps qu'une autre action.

### Dictée.

(Souligner et analyser les verbes suivants.)

Aman *menaçait* de faire périr tous les Juifs : Assuérus *remplaça* ce ministre cruel et le *pendit*. — Archimède *traçait* et *calculait* des figures, quand un soldat romain le *perça* de son épée. — Les habitants des îles Baléares *lançaient* adroitement des flèches. — Abraham, vous vous *fiiez* à la parole de Dieu qui vous *annonçait* que vous auriez un fils. — Le siècle de Périclès *fut* le plus florissant de la Grèce. — Les ténèbres de l'erreur *ont fui* devant le soleil de la vérité. — La foi *a lui* par tout le globe. — Le Pérou *était* l'État le plus florissant du Nouveau-Monde. — Pendant que Titus *assiégeait* Jérusalem, une femme juive *mangea* son enfant. — La religion chrétienne *renouvela* et *changea* la face du monde. — Charlemagne *venait* de descendre dans la tombe, quand les Normands *songèrent* à ravager la France.

## N° LXIII.

### DES TEMPS SIMPLES ET DES TEMPS COMPOSÉS.

Les temps des verbes sont *simples* ou *composés*.

Les temps simples sont ceux où le verbe s'exprime par un seul mot, non compris le pronom ; *chanter, chantant, je chante, je chanterai, elle chanta, nous dînerons*, sont des temps simples.

Les temps composés sont ceux où le verbe s'exprime par plusieurs mots ; *avoir chanté, nous avons lu, ils auraient dansé*, sont des temps composés.

#### Lecture.

1. Nous *avons* tous nos goûts, nos désirs, nos talents.
2. Des lauriers *couronnaient* son front noble et serein.
3. La vanité *rapetisse* les hommes.
4. La lecture *agrandit* l'ame.
5. J'*éviterai* le jeu, la table, les querelles.
6. *Éclaircissez* ce doute, et *dissipez* ma crainte.
7. J'*ai mérité* la mort, j'*ai cru* la calomnie.
8. L'événement *a démenti* mon attente.
9. La reine *a* jusqu'ici *consolé* mon malheur.
10. La nature et la mort *ont entendu* ma voix.
11. Un moment *a vaincu* ma téméraire audace.
12. La nuit *a dissipé* des erreurs si charmantes.

ANALYSE. — *Avons* est un temps simple, parce qu'il n'a qu'un seul mot *ai mérité* est un temps composé, parce qu'il est exprimé par plusieurs mots, *ai* et *mérité*.

#### Dictée.

(Souligner et analyser les temps simples et les temps composés.)

Il *court* à ses enfants. — Nous *devons adorer* Dieu. — Des larmes de plaisir *coulèrent* de mes yeux. — Il *a veillé* pour nous toute la nuit. — Ah! si tu l'*avais vu* se *traîner* avec peine. — Leur père *entendit* ce langage.— Que notre sort *est* douloureux ! — Bientôt nous n'*aurons* plus de père ! — Cinq jours bien longs se *sont passés*.— Il se *mit* à *pleurer*. — *Laissez*-moi, je *succombe* au mal qui me *tourmente*. — Il nous *a dit* de *prier* Dieu ! — De mes fruits les plus beaux j'*ai rempli* mon panier. — Une fraîche rosée *a ranimé* les fleurs. — La terre *a repris* ses couleurs. — J'*entends* déjà *chanter* la joyeuse hirondelle. — J'*ai vu couler* mes jours comme *coulent* les eaux. — J'*ai joui*, grâce au ciel, du fruit de mes travaux. — Combien ce souvenir m'*a fait verser* de pleurs. —De la dépouille de nos bois l'automne *avait jonché* la terre. — Le bocage *était* sans mystère, le rossignol était sans voix. — L'huile sainte *a touché* les pieds de la mourante. — Le monde pour elle *a cessé*.

---

## N° LXIV.

### DU MODE DANS LES VERBES.

On appelle *modes* les différentes inflexions que prend le verbe pour exprimer l'existence ou l'action indépendamment du nombre, de la personne et du temps.

#### IL Y A CINQ MODES.

1° L'*indicatif*, qui affirme que la chose *est*, qu'elle *a été*, ou qu'elle *sera; je lis, j'ai lu, je lirai*.

2° Le *conditionnel*, qui exprime qu'une chose *serait* ou *aurait été*, moyennant une condition : *je* LIRAIS, *si j'avais un livre ; j'*AURAIS LU, *si j'avais eu un livre*.

3° L'*impératif*, qui exprime une *prière*, un *commandement : lis, mange, sors*.

4° Le *subjonctif*, qui présente l'action ou l'état d'un sujet sous la dépendance d'un autre verbe déjà énoncé et exprimant le *doute*, le *souhait*, la *crainte* : je *crains qu'il ne* VIENNE; je *souhaite qu'il* PARTE; je *doute qu'il le* FASSE.

5° L'*infinitif*, qui n'exprime que l'action ou l'état du sujet d'une manière vague, sans nombre ni personne: *lire, manger, dormir*. Dans l'infinitif se trouve compris le *participe*, qui présente un caractère également indéterminé: *aimant, aimé*.

### Lecture.

1. Il faut *semer* pour *moissonner*.
2. La vie *passe* comme l'ombre.
3. J'*aurai vécu* sans soins, et mourrai sans remords.
4. Né pauvre, je *meurs* pauvre et j'*ai vécu* content.
5. *Tends* la main au malheureux, Dieu ne *t'aban-donnera* pas.
6. Ne *désirez* point l'impossible.
7. Tel *serait devenu* un grand homme, s'il *avait connu* son fort.
8. *Attends*-toi à *être traité* comme tu *auras traité* les autres.
9. *Obéis*, si tu *veux* qu'on *t'obéisse* un jour.
10. Je *désire* que vous *soyez* plus heureux.

ANALYSE. — *Semer* et *moissonner* sont à l'infinitif, parce qu'ils expriment l'action d'une manière vague. sans nombre ni personne. *Passe* est à l'indicatif, parce qu'il affirme que la chose est.

### Dictée.

(Souligner et analyser les verbes ci-après.)

Il faut *prier* Dieu. — Je *prie* Dieu matin et soir. — J'ai *prié* Dieu ce matin. — Je *prierai* Dieu ce soir. — Je *prierais* Dieu, même dans un cachot. — Si j'avais eu mon livre de messe, j'*aurais prié* Dieu. — *Prie* Dieu matin et soir. — *Priez* Dieu chaque jour. — Il faut que je *prie* Dieu de te pardonner.

---

## N° LXV.

### MODES PERSONNELS ET MODES IMPERSONNELS.

On divise les modes des verbes en *modes personnels* et *modes impersonnels*.

Les modes personnels sont ceux où le verbe varie selon la personne et le nombre du sujet; dans ces modes on peut joindre le verbe à l'un des pronoms *je, tu, il, nous, vous, ils.*

Les modes impersonnels sont ceux où le verbe n'est point soumis à ces variations, c'est-à-dire ne s'accorde point en personne avec le sujet.

Les modes personnels sont : l'*indicatif,* le *conditionnel,* l'*impératif* ou le *subjonctif: je cours, je partirais,* que *je sorte.*

Il n'y a qu'un mode impersonnel, *l'infinitif*. Les verbes de ce mode peuvent se joindre à l'une des expressions suivantes : *je veux, j'ai, je suis, en ;* exemples : *je veux* COURIR ; *j'ai* COURU ; *je suis* TOMBÉ *en* COURANT.

### Dictée.

(Souligner et analyser les différents modes.)

*Étudier* EST agréable. — *Travailler* FORTIFIE l'esprit et le corps. — *Mourir* pour sa patrie EST honorable. — *Vaincre* ses passions EST glorieux. — Rien ne PEUT *arrêter* le temps dans sa marche. — Le véritable esprit SAIT se *plier* à tout. — Télémaque VOULAIT *parler* à Mentor. — Il SONGE à *s'éloigner* de Calypso. — Nous nous AVANÇAMES pour *combattre.* — Il VENAIT de *succomber* à sa douleur. — *Pardonner* EST digne d'un grand cœur. — Il *cherche* à MÉRITER votre estime. — L'ambitieux ne PEUT se *contraindre.* — TRAVAILLONS à *devenir* meilleurs. — Il se PROPOSAIT d'égaler Ulysse en sagesse.

---

## N° LXVI.

### DES DIFFERENTES ESPÈCES DE VERBES.

Il y a cinq sortes de verbes : le verbe *actif*, le verbe *passif*, le verbe *neutre*, le verbe *réfléchi* et le verbe *impersonnel*.

#### DU VERBE ACTIF.

Le verbe *actif* (1) est celui qui exprime une action faite par le sujet, et qui retombe sur un objet qui est le régime direct de ce verbe.

Tout verbe après lequel on peut mettre *quelqu'un* ou *quelque chose* est un verbe *actif*.

Ainsi, *écrire, aimer,* sont des verbes *actifs*, parce qu'on peut dire, *écrire* QUELQUE CHOSE, *aimer* QUELQU'UN.

### Lecture.

1. *Vaincre* SES PASSIONS est glorieux.
2. Rien ne peut *arrêter* LE TEMPS.
3. Il cherche à *mériter* VOTRE ESTIME.
4. Il craint d'*immoler* UNE FILLE CHÉRIE.

---

(1) La dénomination d'*actif* est sans doute défectueuse, puisque presque tous les verbes expriment des actes ; mais celle de *transitif* ne serait pas plus logique. Tenons-nous en donc aux anciennes dénominations jusqu'à ce qu'on en ait trouvé de meilleures.

5. Il commence à *détester* LES FAUX BIENS.
6. Il néglige de *remplir* SES DEVOIRS.
7. Cérès enseigna à Triptolème à *cultiver* LA TERRE.
8. Craignez de *compromettre* VOTRE RÉPUTATION.

ANALYSE. — *Vaincre* est un verbe actif, parce qu'on peut dire : *vaincre* QUELQUE-CHOSE, *vaincre* SES PASSIONS.

**Dictée.**

(Souligner et analyser les verbes actifs.)

Ne cherchez pas à *connaître* les secrets d'autrui.—Ne conservez pas le souvenir des injures.—*Craignez* Dieu.—*Aimez* vos semblables. — Chérissez *vos parents.* — *Soulagez* les malheureux. — Dieu permet aux rois de *punir* les hommes. —Il nous apprit à *dédaigner* la mollesse.— On *perd* souvent sa réputation pour *avoir* mal *choisi* ses amis. — Un instant peut *détruire* un siècle de bonheur. — Chaque homme *a* quelques qualités dont il est fier. — La vérité vous *offense.* — La fortune me *favorise.* — Dieu vous *bénira.*

---

## N° LXVII.

### DU VERBE PASSIF.

Le verbe *passif* est celui dont le sujet souffre , reçoit l'action exprimée par ce verbe. Le verbe *passif* est le contraire du verbe *actif;* dans ces phrases :

La flatterie *gâte* le cœur.
Le cœur *est gâté* par la flatterie.

On voit que le régime de la première devient le sujet de la seconde. Les verbes passifs ne peuvent avoir que des régimes indirects marqués par les prépositions *de* ou *par : La souris* EST MANGÉE *par le chat; ces enfants* SONT AIMÉS *de leurs parents.* Tout verbe *actif* a son passif correspondant, à quelques exceptions près (1).

---

(1) A la rigueur nous n'avons pas de *verbes passifs*, nous n'avons que des *locutions passives;* mais nous n'avons conservé cette vieille dénomination, qu'afin de ne pas dérouter les élèves par des dénominations nouvelles, en opposition directe avec ce qu'ils connaissent.

## Lecture.

1. Une mauvaise action *est suivie* du repentir.
2. La jeunesse *est embellie* par les grâces.
3. Cette ville *est privée* de tout agrément.
4. Son cœur *est étonné* de ses nouveaux désirs.
5. Toujours par un malheur un autre est *amené*.
6. La jeunesse *est* assez *parée* de la jeunesse.
7. Toujours on *est puni* par où l'on a péché.

ANALYSE. — *Est suivie* est un verbe passif, parce que c'est le sujet qui reçoit, qui souffre l'action exprimée par ce verbe; ce serait le contraire, si l'on disait : *le repentir* SUIT *une mauvaise action.*

## Dictée.

*(Souligner et analyser les verbes passifs.)*

Son mérite *est ignoré* de tout le monde. — Le tyran *est craint* de ses sujets. — Le sage *est estimé* des gens vertueux. — Le puissant *est* toujours *favorisé* des grands. — Le faible *est écrasé* par le fort. — Nous *étions observés* par l'ennemi. — Nous *serons vengés* des méchants. — Vos pas *sont épiés.* — J'*étais transi* d'effroi. — J'*étais aimé* avec tendresse. — Vous n'êtes point *trahi.* — Ses vœux *furent exaucés.*—Tout mon cœur s'*est ému.* — Mes ans se *sont accrus.* — Son ardeur ne s'*est* point *ralentie.*—Tout mon sang s'*est glacé.*

## N° LXVIII.

### DU VERBE NEUTRE (1).

Le verbe *neutre* est celui qui , comme le verbe actif, exprime une action faite par le sujet; mais il en diffère en ce qu'il n'a pas de régime direct. On le reconnaît toutes les fois qu'on ne peut mettre immédiatement après lui *quelqu'un* ou *quelque chose: plaire, languir, nuire, marcher,* etc., sont des verbes neutres, parce qu'on ne peut dire *plaire quelqu'un, languir quelque chose, nuire quelqu'un, marcher quelque chose.* Lorsque ces verbes sont suivis d'un régime, ce régime est toujours un régime indirect : *plaire* A QUELQU'UN,

_______________

(1) *Neutre* signifie qui *n'est ni l'un ni l'autre,* c'est-à-dire ni actif ni passif. Sous le rapport du sens, il n'y a en effet que ces trois sortes de verbes.

*languir* D'ENNUI, *nuire* A SON PROCHAIN, *marcher* A L'ENNEMI.
Le verbe neutre n'a point de *passif;* on ne dirait pas une
personne *est marchée, est dormie.* On excepte cependant
*obéir, convenir,* et quelques autres : *il est obéi, cela est
convenu.*

Un verbe actif peut s'employer neutralement : Cet amateur
qui *chante* une romance *chante* bien. De même un verbe
neutre peut s'employer activement : *courir* les bals.

### Lecture.

1. Le feu follet *paraît* et *disparaît.*
2. L'homme *naît, vit* et *meurt.*
3. L'empressé *va, vient* et *revient.*
4. Le végétal *croît* et *vit.*
5. Je ne puis *résister* à ses douces amorces.
6. Je n'en puis plus *douter,* le traître s'est trahi.

ANALYSE. — *Paraît* est un verbe neutre, parce qu'on ne
peut pas dire : *paraître* QUELQU'UN, *paraître* QUELQUE
CHOSE.

### Dictée.

(Souligner et analyser les verbes neutres.)

Rien ne *plaît* de la part de quelqu'un que l'on n'aime pas.
— Les arts *florissaient* à Athènes, sous Périclès, et à Rome,
sous l'empereur Auguste. — Le bon emploi du temps est
une des choses qui *contribuent* le plus à notre bonheur. —
Tout genre d'excès *nuit* à la santé. — Il y a des montagnes où
la glace ne *fond* jamais. — Le bonheur du sage *consiste* à
aimer par-dessus tout la vérité et la vertu. — Partout la ci-
vilisation a *marché* sur les pas de l'Evangile. — On peut *aller*
en Amérique en vingt-cinq jours. — Louis XIII a *succédé* à
Henri IV. — Louis XIV a *régné* soixante-douze ans.—Napoléon *monta* sur le trône en 1804.—Il *succomba* en 1815 sous
les efforts des nations coalisées. — Il *mourut,* sur le rocher
de Sainte-Hélène, le 5 mai 1821.

## N° LXIX.

### DES VERBES RÉFLÉCHIS.

On appelle réfléchis les verbes qui sont accompagnés de
deux pronoms se rapportant à la même personne, comme :
*je me flatte, tu te loues, il se nuit,* c'est-à-dire, *je flatte
moi, tu loues toi, il nuit à soi.*

Le verbe réfléchi est direct ou indirect, selon que le pronom personnel réfléchi est complément direct, comme dans : *il se flatte*, ou complément indirect ; comme dans : *il se nuit.*

Le verbe réfléchi s'emploie au figuré avec un nom de chose inanimée : le temps *se couvre*, etc. Il devient verbe *réciproque* lorsqu'il exprime l'action réciproque de plusieurs sujets : Ces enfants *s'aiment* et *se plaisent.*

Le verbe *essentiellement* réfléchi est celui qui ne peut s'employer sans les pronoms réfléchis : *se repentir*, *s'évanouir*, etc. Le verbe *accidentellement* réfléchi est celui qui de sa nature est actif ou neutre : *s'aimer*, *se nuire*, etc.

Quelques verbes réfléchis n'ont que la forme de cette espèce de verbe, sans en avoir le sens, tels sont *se mourir*, *s'en aller.*

### Lecture.

1. Je me *félicite* d'avoir recouvré la santé.
2. Il se *flatte* de remporter la victoire.
3. Tu te *vantes* de tes forces corporelles.
4. Nous nous *engourdissons* dans la mollesse.

**Analyse.** — *Félicite* est un verbe réfléchi, parce qu'il est précédé de deux pronoms désignant la même personne.

### Dictée.

(Souligner et analyser les verbes réfléchis.)

Je me flatte. — Tu te loues. — Il se nuit. — Il se plaint. — Elle se contredit. — Nous nous repentons. — Vous vous abstenez. — Tu t'achemines. — Ils s'attroupent. — Elles se blottissent. — Il se cabre. — Nous nous disputons. — Vous vous empressez. — Ils s'évanouissent. — Elles s'extasient.

---

# N° LXX.

### DES VERBES IMPERSONNELS.

Les verbes impersonnels ou unipersonnels sont ceux qui ont pour sujet le pronom absolu *il*, et qui ne s'emploient qu'à la troisième personne du singulier.

Le verbe unipersonnel l'est essentiellement, comme *il faut*, *il pleut* (1), ou accidentellement, comme *il convient*, *il y a*, etc.

---

(1 L'emploi de ce verbe n'est cependant pas uniquement affecté à

Certains verbes sont à la fois unipersonnels et réfléchis : *il* ne *s'agit* pas de cela , *il s'est écoulé* bien des années.

### Lecture.

1. Il *pleut*.
2. Il *tonne*.
3. Il *fait* du vent.
4. Il *gèle*.

ANALYSE.—*Il pleut* est un verbe unipersonnel, parce qu'il a pour sujet le pronom absolu *il*.

### Dictée.

(Souligner et analyser les verbes impersonnels.)

Il *fait* du vent. — Il *fait* du brouillard. — Il *fait* beau.— Il *gèle*. — Il *dégèle*. — Il *tonne*. — Il *pleut*. — Il *fait* froid. — Il *fait* chaud. — Il *fait* nuit. — Il *fait* du vent.— Il faut. — Il importe. — Il convient. — Il résulte. — Il sied.

# Nº LXXI.

## DES DIVERSES CONJUGAISONS.

Écrire ou réciter successivement par ordre les différents modes d'un verbe avec tous ses temps , ses nombres et ses personnes, cela s'appelle *conjuguer*.

Il y a quatre conjugaisons différentes, que l'on distingue par la terminaison de l'infinitif.

La première conjugaison a l'infinitif terminé en *er*, comme *aim*ER ; la seconde conjugaison a l'infinitif terminé en *ir* , comme *fin*IR ; la troisième conjugaison a l'infinitif terminé en *oir* , comme *recev*OIR ; la quatrième conjugaison a l'infinitif terminé en *re*, comme *rend*RE.

### Lecture.

1. *Aimer* est un besoin de l'ame.
2. *Dissimuler* n'est pas mon caractère.
3. *Épargner* les plaisirs, c'est les *multiplier*.
4. *Punir* est un tourment, *pardonner* un plaisir.

la troisième personne du singulier, et on peut très-bien dire : *faveurs célestes, avec quelle abondance ne* PLEUVIEZ-*vous pas sur les beaux jours de mon enfance? Prédicateurs zélés, avec quelle véhémence ne* TONNIEZ-*vous pas contre le vice et les passions ?*

5. *Mourir* n'est rien ; c'est notre dernière heure.
6. *Tenir* vaut mieux mille fois que d'*attendre*.
7. *Déchoir* du premier rang, c'est *tomber* au dernier.
8. *Recevoir* des injures sans *répondre* est d'un sage.
9. Se *prévaloir* de sa naissance est d'un sot.
10. *Réduire* l'homme à son corps, c'est le *réduire* à ses sens.
11. *Vivre* content de peu, c'est être vraiment riche.
12. A *vaincre* sans péril, on triomphe sans gloire.

ANALYSE. — *Aimer* est de la première conjugaison, parce qu'il a le présent de l'infinitif terminé en *er*.

### Dictée.

(Souligner et analyser les verbes suivants.)

Se *plaire* à la campagne. — *Obéir* à Dieu. — *Respecter* ses parents. — Se *rire* des menaces. — Se *nourrir* de légumes. — *Allumer* du feu. — *Dire* la vérité. — *Aimer* le travail. — *Prêter* serment. — *Prévoir* des malheurs. — *Cueillir* des fruits. — *Faire* une bonne action. — *Atteindre* le but. — *Renaître* à la vie. — *Plaindre* les malheureux. — *Prendre* un parti sage. — Se *soumettre* à la Providence. — *Acheter* de faux bijoux. — Se *corriger* de ses défauts. — Se *défendre* courageusement. — *Rendre* à Dieu ce qui est à Dieu. — *Tressaillir* de joie. — *Maudire* les importuns. — *Haïr* les hommes orgueilleux. — *Creuser* des trous profonds. — *Faire valoir* ses droits. — *Prier* Dieu. — *Concevoir* un beau projet. — *Recevoir* d'injustes reproches. — *Convenir* du fait. — *Aller* à la ville.

---

## N° LXXII.

### DES VERBES AUXILIAIRES.

Il y a deux verbes que l'on appelle *auxiliaires*, parce qu'ils servent à conjuguer tous les autres ; ce sont *être* et *avoir*.

### CONJUGAISON DU VERBE *être*.

Le verbe *être* sert d'auxiliaire : 1° A tous les verbes passifs ; 2° A tous les verbes réfléchis ; 3° A quelques verbes neutres ; 4° A quelques verbes unipersonnels. Il est verbe substantif quand il est seul : *Je* suis *malade*. Le participe *été* est toujours invariable.

## MODE INDICATIF.

**Temps simples.**

### PRÉSENT.

Je suis.
Tu es.
Il est.
Nous sommes.
Vous êtes.
Ils sont.

### IMPARFAIT.

J'étais.
Tu étais.
Il était.
Nous étions.
Vous étiez.
Ils étaient.

### PASSÉ DÉFINI.

Je fus.
Tu fus.
Il fut.
Nous fûmes.
Vous fûtes.
Ils furent.

### FUTUR.

Je serai.
Tu seras.
Il sera.
Nous serons.
Vous serez.
Ils seront.

**Temps composés.**

### PASSÉ INDÉFINI.

J'ai été.
Tu as été.
Il a été.
Nous avons été.
Vous avez été.
Ils ont été.

### PLUS-QUE-PARFAIT.

J'avais été.
Tu avais été.
Il avait été.
Nous avions été.
Vous aviez été.
Ils avaient été.

### PASSÉ ANTÉRIEUR.

J'eus été.
Tu eus été.
Il eut été.
Nous eûmes été.
Vous eûtes été.
Ils eurent été.

### FUTUR ANTÉRIEUR.

J'aurai été.
Tu auras été.
Il aura été.
Nous aurons été.
Vous aurez été.
Ils auront été.

## MODE CONDITIONNEL.

### PRÉSENT.

Je serais.
Tu serais.
Il serait.
Nous serions.
Vous seriez.
Ils seraient.

### PASSÉ.

J'aurais été.
Tu aurais été.
Il aurait été.
Nous aurions été.
Vous auriez été.
Ils auraient été.

*On dit aussi :* J'eusse été. — Tu eusses été. — Il eût été. — Nous eussions été. — Vous eussiez été. — Ils eussent été.

## MODE IMPÉRATIF.

### PRÉSENT.

Sois.
Qu'il soit.

Soyons.
Soyez.
Qu'ils soient.

## MODE SUBJONCTIF.

|  | PRÉSENT. |  | PASSÉ. |
|---|---|---|---|
| *Il est pos-sible* | Que je sois.<br>Que tu sois.<br>Qu'il soit.<br>Que nous soyons.<br>Que vous soyez.<br>Qu'ils soient. | *Il est pos-sible* | Que j'aie été.<br>Que tu aies été.<br>Qu'il ait été.<br>Que nous ayons été.<br>Que vous ayez été.<br>Qu'ils aient été. |

|  | IMPARFAIT. |  | PLUS-QUE-PARFAIT. |
|---|---|---|---|
| *Il était pos-sible* | Que je fusse.<br>Que tu fusses.<br>Qu'il fût.<br>Que nous fussions.<br>Que vous fussiez.<br>Qu'ils fussent. | *Il se-rait pos-sible* | Que j'eusse été.<br>Que tu eusses été.<br>Qu'il eût été.<br>Que nous eussions été.<br>Que vous eussiez été.<br>Qu'ils eussent été. |

## MODE INFINITIF.

| PRÉSENT. |  | PASSÉ. |
|---|---|---|
| Être | | Avoir été. |

## PARTICIPE.

| PRÉSENT. |  | PASSÉ COMPOSÉ. |
|---|---|---|
| Étant. | | Ayant été. |
| PASSÉ. | | |
| Été. | | |

### Dictée.

(Conjuguer le verbe *être* avec les adjectifs suivants.)

Être sage. — prudent. — libre. — innocent. — paresseux. — riche. — pauvre. — honteux. — constant. — timide. — brave. — zélé. — laborieux. — vif. — violent. — studieux. — colère. — léger. — hardi. — bien portant. — malade. — imitateur. — poltron. — entêté. — effronté. — plus poli. — flatteur. — bavard.

---

# N° LXXIII.

### CONJUGAISON DU VERBE *avoir*.

Ce verbe sert d'auxiliaire : 1° A lui-même ; 2° A tous les verbes actifs ; 3° A la plupart des verbes neutres ; 4° Aux verbes impersonnels en général. Il est verbe actif quand il a un régime direct : *J'ai un beau livre.*

### INDICATIF.

| *Temps simples.* |  | *Temps composés.* |
|---|---|---|
| PRÉSENT. | | PASSÉ INDÉFINI. |
| J'ai. | | J'ai eu. |

Tu as.
Il a.
Nous avons.
Vous avez.
Ils ont.

Tu as eu.
Il a eu.
Nous avons eu.
Vous avez eu.
Ils ont eu.

### IMPARFAIT.

J'avais
Tu avais.
Il avait.
Nous avions.
Vous aviez.
Ils avaient.

### PLUS-QUE-PARFAIT.

J'avais eu.
Tu avais eu.
Il avait eu.
Nous avions eu.
Vous aviez eu.
Ils avaient eu.

### PASSÉ DÉFINI.

J'eus.
Tu eus.
Il eut.
Nous eûmes.
Vous eûtes.
Ils eurent.

### PASSÉ ANTÉRIEUR.

J'eus eu.
Tu eus eu.
Il eut eu.
Nous eûmes eu.
Vous eûtes eu.
Ils eurent eu.

### FUTUR.

J'aurai.
Tu auras.
Il aura.
Nous aurons.
Vous aurez.
Ils auront.

### FUTUR ANTÉRIEUR.

J'aurai eu.
Tu auras eu.
Il aura eu.
Nous aurons eu.
Vous aurez eu.
Ils auront eu.

## CONDITIONNEL.

### PRÉSENT.

J'aurais.
Tu aurais.
Il aurait.
Nous aurions.
Vous auriez.
Ils auraient.

### PASSÉ.

J'aurais eu.
Tu aurais eu.
Il aurait eu.
Nous aurions eu.
Vous auriez eu.
Ils auraient eu.

*On dit aussi :* J'eusse eu. — Tu eusses eu. — Il eût eu. — Nous eussions eu. — Vous eussiez eu. — Ils eussent eu.

## IMPÉRATIF.

### PRÉSENT.

Aie.
Qu'il ait.

Ayons.
Ayez.
Qu'ils aient.

## SUBJONCTIF.

### PRÉSENT.

*Il faut* { Que j'aie.
Que tu aies.
Qu'il ait.

### PASSÉ.

*Il a fallu* { Que j'aie eu.
Que tu aies eu.
Qu'il ait eu.

<table>
<tr><td>{ Que nous ayons.<br>Que vous ayez<br>Qu'ils aient.</td><td>{ Que nous ayons eu.<br>Que vous ayez eu.<br>Qu'ils aient eu.</td></tr>
</table>

|                IMPARFAIT.                |               PLUS-QUE-PARFAIT.               |

*Il fal-<br>lait* { Que j'eusse.<br>Que tu eusses.<br>Qu'il eût.<br>Que nous eussions.<br>Que vous eussiez.<br>Qu'ils eussent.

*Il au-<br>rait<br>fallu* { Que j'eusse eu.<br>Que tu eusses eu.<br>Qu'il eût eu.<br>Que nous eussions eu.<br>Que vous eussiez eu.<br>Qu'ils eussent eu.

## INFINITIF.

|        PRÉSENT.        |         PASSÉ.         |

Avoir          Avoir eu.

## PARTICIPE.

|        PRÉSENT.        |      PASSÉ COMPOSÉ.      |

Ayant.         Ayant eu.

PASSÉ.

Eu.

### Dictée.

( Conjuguer sur ce modèle les expressions suivantes. )

J'ai soif. — J'ai faim. — J'ai peur. — J'ai soin. — J'ai horreur. — J'ai pitié. — J'ai tort. — J'ai raison. — J'ai droit. — J'ai congé. — J'ai froid. — J'ai chaud. — J'ai foi. — J'ai confiance. — J'ai mal à la tête. — J'ai mon habit déchiré. — J'ai les yeux fatigués. — J'ai la vue basse. — J'ai de l'argent.

---

# N° LXXIV.

# CONJUGAISON DES VERBES ACTIFS.

## PREMIÈRE CONJUGAISON , *CHANTER*.

### INDICATIF.

| *Temps simples.* | *Temps composés.* |
|---|---|
| PRÉSENT. | PASSÉ INDÉFINI. |
| Je chante. | J'ai chanté. |
| Tu chantes. | Tu as chanté. |
| Il chante. | Il a chanté. |
| Nous chantons. | Nous avons chanté. |
| Vous chantez. | Vous avez chanté. |
| Ils chantent. | Ils ont chanté. |

<table>
<tr><td>

IMPARFAIT.

Je chantais.
Tu chantais.
Il chantait.
Nous chantions.
Vous chantiez.
Ils chantaient.

</td><td>

PLUS-QUE-PARFAIT.

J'avais chanté.
Tu avais chanté.
Il avait chanté.
Nous avions chanté.
Vous aviez chanté.
Ils avaient chanté.

</td></tr>
<tr><td>

PASSÉ DÉFINI.

Je chantai.
Tu chantas.
Il chanta.
Nous chantâmes.
Vous chantâtes.
Ils chantèrent.

</td><td>

PASSÉ ANTÉRIEUR.

J'eus chanté.
Tu eus chanté.
Il eut chanté.
Nous eûmes chanté.
Vous eûtes chanté.
Ils eurent chanté.

</td></tr>
<tr><td>

FUTUR.

Je chanterai.
Tu chanteras.
Il chantera.
Nous chanterons.
Vous chanterez.
Ils chanteront.

</td><td>

FUTUR ANTÉRIEUR.

J'aurai chanté.
Tu auras chanté.
Il aura chanté.
Nous aurons chanté.
Vous aurez chanté.
Ils auront chanté.

</td></tr>
</table>

## CONDITIONNEL.

<table>
<tr><td>

PRÉSENT.

Je chanterais.
Tu chanterais.
Il chanterait.
Nous chanterions.
Vous chanteriez.
Ils chanteraient.

</td><td>

PASSÉ.

J'aurais chanté.
Tu aurais chanté.
Il aurait chanté.
Nous aurions chanté.
Vous auriez chanté.
Ils auraient chanté.

</td></tr>
</table>

*On dit aussi :* J'eusse chanté. — Tu eusses chanté. — Il eût chanté. — Nous eussions chanté. — Vous eussiez chanté. — Ils eussent chanté.

## IMPÉRATIF.

<table>
<tr><td>

PRÉSENT.

Chante.
Qu'il chante.

</td><td>

Chantons.
Chantez.
Qu'ils chantent.

</td></tr>
</table>

## SUBJONCTIF.

<table>
<tr><td>

PRÉSENT.

*Il*
*faut* {
Que je chante.
Que tu chantes.
Qu'il chante.
Que nous chantions.
Que vous chantiez.
Qu'ils chantent.

</td><td>

PASSÉ.

*Il a*
*fallu* {
Que j'aie chanté.
Que tu aies chanté.
Qu'il ait chanté.
Que nous ayons chanté.
Que vous ayez chanté.
Qu'ils aient chanté.

</td></tr>
</table>

|  | IMPARFAIT. |  | PLUS-QUE-PARFAIT. |
|---|---|---|---|

*Il fal-lait*
- Que je chantasse.
- Que tu chantasses.
- Qu'il chantât.
- Que nous chantassions.
- Que vous chantassiez.
- Qu'ils chantassent.

*Il au-rait fallu*
- Que j'eusse chanté.
- Que tu eusses chanté.
- Qu'il eût chanté.
- Que nous eussions chanté.
- Que vous eussiez chanté.
- Qu'ils eussent chanté.

## INFINITIF.

**PRÉSENT,**

Chanter.

**PASSÉ.**

Avoir chanté.

## PARTICIPE.

**PRÉSENT.**

Chantant.

**PASSÉ COMPOSÉ.**

Ayant chanté.

**PASSÉ.**

Chanté.

REMARQUES. 1° Dans les verbes en *cer*, le *c* prend une cédille avant *a*, *o* et *u*. *Nous plaçons*, je *menaçais*.

Il en est de même pour les autres conjugaisons : *Je conçois, j'aperçus*, etc.

2° Les verbes en *ger* prennent un *e* après le *g* lorsqu'il doit être suivi de *a* ou de *o* : je *mangeais, nous jugeons*.

3° Les verbes en *eler*, *eter*, comme *appeler, jeter*, doublent les consonnes *l* et *t* devant un *e* muet : *j'appelle, tu jettes*, etc. Sont exceptés de cette règle les verbes *becqueter* et *geler*, qui ont je *becquète*, je *gèle*.

4° Dans les verbes qui ont un *é* fermé accentué avant la syllabe finale, comme *régner, pénétrer, répéter, révéler*, cet *é* devient ouvert et prend l'accent grave devant une syllabe muette : je *règne*, je *pénètre*, je *pénétrerai*, je *révélerais*. La plupart des grammairiens, cependant, conservent l'accent aigu dans les verbes en *éger*; ils écrivent donc : je *protége*, etc.

5° Dans les verbes *tuer, vouer*, etc., on met un tréma sur l'*i* des deux premières personnes plur. du passé simultané : nous *tuïons*, vous *avouïez*, comme la prononciation l'exige. Le verbe *arguer* doit se conjuguer ainsi : j'*arguë*, nous *argüons*, *argüé*, j'*arguërai*, que nous *argüions*.

6° Dans les verbes en *yer*, comme *effrayer, employer, appuyer*, l'*y* grec se change en *i* simple devant un *e* muet (c'est là même une règle générale) : j'*effraie*, j'*emploierai*, que j'*essuie*. L'*y* grec se conserve partout dans les verbes en *eyer*, comme *grasseyer, plancheyer*. On trouve *planchéier* (mauvais).

7°. **Les verbes** *créer, suppléer*, etc., méritent aussi de l'attention : je *créo*, je *créerai*.

### Dictée.

(Faites conjuguer sur ce modèle les verbes suivants. )

Aider. — Armer. — Rimer. — Limer. — Animer. — Ramer. — Tramer. — Plomber. — Absorber. — Border. — Compléter. — Accorder. — Coiffer. — Greffer. — Boucher. — Coucher. — Toucher. — Couler. — Filer. — Rouler. — Blâmer. — Calmer. — Fumer. — Donner. — Miner. — Sonner. — Couper. — Frapper. — Tromper. — Appliquer. — Piquer. — Risquer. — Comparer. — Enterrer. — Ferrer. — Chasser. — Danser. — Penser. — Sauter. — Vanter. — Braver. — Trouver. — Fixer. — Taxer. — Charmer. — Fermer. — Parler. — Travailler. — Bouder. — Gronder. — Jouer. — Causer. — Casser. — Renverser. — Frotter. — Brosser. — Enfoncer. — Déraciner. — Ruiner. — Aimer. — Moissonner. — Barbouiller. — Embrouiller. — Accuser. — Commander. — Jeter. — Becqueter. — Marcher. — Forcer.

---

## N° LXXV.

## DEUXIÈME CONJUGAISON : *FINIR*.

### INDICATIF.

| *Temps simples.* | *Temps composés.* |
|---|---|
| **PRÉSENT.** | **PASSÉ INDÉFINI.** |
| Je finis. | J'ai fini |
| Tu finis. | Tu as fini. |
| Il finit. | Il a fini. |
| Nous finissons. | Nous avons fini. |
| Vous finissez. | Vous avez fini. |
| Ils finissent. | Ils ont fini. |
| **IMPARFAIT.** | **PLUS-QUE-PARFAIT.** |
| Je finissais. | J'avais fini. |
| Tu finissais. | Tu avais fini. |
| Il finissait. | Il avait fini. |
| Nous finissions. | Nous avions fini. |
| Vous finissiez. | Vous aviez fini. |
| Ils finissaient. | Ils avaient fini. |

| PASSÉ DÉFINI. | PASSÉ ANTÉRIEUR. |
|---|---|
| Je finis. | J'eus fini. |
| Tu finis. | Tu eus fini. |
| Il finit. | Il eut fini. |
| Nous finîmes. | Nous eûmes fini. |
| Vous finîtes. | Vous eûtes fini. |
| Ils finirent. | Ils eurent fini (1). |

| FUTUR. | FUTUR ANTÉRIEUR. |
|---|---|
| Je finirai. | J'aurai fini. |
| Tu finiras. | Tu auras fini. |
| Il finira. | Il aura fini. |
| Nous finirons. | Nous aurons fini. |
| Vous finirez. | Vous aurez fini. |
| Ils finiront. | Ils auront fini. |

## CONDITIONNEL.

| PRÉSENT. | PASSÉ. |
|---|---|
| Je finirais. | J'aurais fini. |
| Tu finirais. | Tu aurais fini. |
| Il finirait. | Il aurait fini. |
| Nous finirions. | Nous aurions fini. |
| Vous finiriez. | Vous auriez fini. |
| Ils finiraient. | Ils auraient fini. |

*On dit aussi :* J'eusse fini. — Tu eusses fini. — Il eût fini. — Nous eussions fini. — Vous eussiez fini. — Ils eussent fini.

## IMPÉRATIF.

| PRÉSENT. | FUTUR ANTÉRIEUR. |
|---|---|
| Finis. | Aie fini. |
| Qu'il finisse. | Qu'il ait fini. |
| Finissons. | Ayons fini. |
| Finissez. | Ayez fini. |
| Qu'ils finissent. | Qu'ils aient fini. |

## SUBJONCTIF.

| PRÉSENT. | PASSÉ. |
|---|---|
| *Il faut* Que je finisse. | *Il a fallu* Que j'aie fini. |
| Que tu finisses. | Que tu aies fini. |
| Qu'il finisse. | Qu'il ait fini. |
| Que nous finissions. | Que nous ayons fini. |
| Que vous finissiez. | Que vous ayez fini. |
| Qu'ils finissent | Qu'ils aient fini. |

---

(1) Il y a un quatrième passé; mais on s'en sert rarement. Le voici : J'ai eu fini, tu as eu fini, il a eu fini, nous avons eu fini, vous avez eu fini, ils ont eu fini.

|  | **IMPARFAIT.** |  | **PLUS-QUE-PARFAIT.** |
|---|---|---|---|

*Il fal-lait* :
- Que je finisse.
- Que tu finisses.
- Qu'il finît.
- Que nous finissions.
- Que vous finissiez.
- Qu'ils finissent.

*Il au-rait fallu* :
- Que j'eusse fini.
- Que tu eusses fini.
- Qu'il eût fir
- Que nous eussions fini.
- Que vous eussiez fini.
- Qu'ils eussent fini.

### INFINITIF.

**PRÉSENT.**

Finir.

**PASSÉ.**

Avoir fini.

### PARTICIPE.

**PRÉSENT.**

Finissant.

**PASSÉ COMPOSÉ.**

Ayant fini.

**PASSÉ.**

Fini.

Le verbe *bénir* a deux participes, *béni*, *bénie; bénit*, *bénite*.

*Bénit*, *bénite*, se dit quand le participe est combiné avec *être*, et qu'on a en vue d'exprimer l'état des choses consacrées par les prières de l'Église : *Les drapeaux* SONT BÉNITS ; et *béni*, *bénie*, quand on a en vue l'action exprimée par le verbe, ainsi que dans le sens de louange, de protection, de souhait : *L'ange dit à Marie : Vous êtes* BÉNIE *entre toutes les femmes*, *et Jésus le fruit de vos entrailles est* BÉNI. *Les armes qui ont* ÉTÉ BÉNITES *par l'Église ne sont pas toujours* BÉNIES *sur le champ de bataille*.

Conjugué avec avoir, le premier participe est seul en usage : *Le prêtre* A BÉNI *l'assistance; l'assistance que le prêtre* A BÉNIE.

*Haïr* fait, au présent de l'indicatif : je *hais*, tu *hais*, il *hait*.

*Fleurir* fait *florissait* à l'imparfait et *florissant* au participe présent, lorsqu'il est employé au figuré, comme en parlant des sciences, de la prospérité d'un état, etc. *L'empire romain* FLORISSAIT, *était* FLORISSANT *sous Auguste César*.

### Dictée.

(Faites conjuguer sur ce modèle les verbes suivants.)

Tenir. — Munir. — Polir. — Embellir. — Fournir. — Ternir. — Vernir. — Bénir. — Avertir. — Nourrir. — Régir. — Abolir. — Amollir. — Rougir. — Enfouir. — Réussir. — Roussir. — Vomir. — Emplir. — Remplir. — Rôtir. — Obéir à Dieu. — Bâtir. — Punir. — Enrichir. — Adoucir. — Unir. — Réunir.

# N° LXXVI.

## TROISIÈME CONJUGAISON : *RECEVOIR* (1).

### INDICATIF.

| *Temps simples.* | *Temps composés.* |
|---|---|
| **PRÉSENT.** | **PASSÉ INDÉFINI.** |
| Je reçois. | J'ai reçu. |
| Tu reçois. | Tu as reçu. |
| Il reçoit. | Il a reçu. |
| Nous recevons. | Nous avons reçu. |
| Vous recevez. | Vous avez reçu. |
| Ils reçoivent. | Ils ont reçu. |
| **IMPARFAIT.** | **PLUS-QUE-PARFAIT.** |
| Je recevais. | J'avais reçu. |
| Tu recevais. | Tu avais reçu. |
| Il recevait. | Il avait reçu. |
| Nous recevions. | Nous avions reçu. |
| Vous receviez. | Vous aviez reçu. |
| Ils recevaient. | Ils avaient reçu. |
| **PASSÉ DÉFINI.** | **PASSÉ ANTÉRIEUR.** |
| Je reçus. | J'eus reçu. |
| Tu reçus. | Tu eus reçu. |
| Il reçut. | Il eut reçu. |
| Nous reçûmes. | Nous eûmes reçu. |
| Vous reçûtes. | Vous eûtes reçu. |
| Ils reçurent. | Ils eurent reçu. |
| **FUTUR SIMPLE.** | **FUTUR ANTÉRIEUR.** |
| Je recevrai. | J'aurai reçu. |
| Tu recevras. | Tu auras reçu. |
| Il recevra. | Il aura reçu. |
| Nous recevrons. | Nous aurons reçu. |
| Vous recevrez. | Vous aurez reçu. |
| Ils recevront. | Ils auront reçu. |

(1) On a coutume de donner pour modèle de cette conjugaison un des verbes en CEVOIR (*recevoir, apercevoir*); mais ces verbes, rebelles à la formation des temps, forment une famille, et non une conjugaison. Il faut le reconnaître, les verbes en *oir*, au nombre d'une trentaine, sont tous irréguliers, et celui que nous présentons n'a point d'analogue. On peut douter qu'il y ait une troisième conjugaison.

## CONDITIONNEL.

| PRÉSENT. | PASSÉ. |
|---|---|
| Je recevrais. | J'aurais reçu. |
| Tu recevrais. | Tu aurais reçu. |
| Il recevrait. | Il aurait reçu. |
| Nous recevrions. | Nous aurions reçu. |
| Vous recevriez. | Vous auriez reçu. |
| Ils recevraient. | Ils auraient reçu. |

*On dit aussi :* J'eusse reçu. — Tu eusses reçu. — Il eût reçu. —
Nous eussions reçu. — Vous eussiez reçu. — Ils eussent reçu.

## IMPÉRATIF.

| PRÉSENT. | FUTUR ANTÉRIEUR. |
|---|---|
| Reçois. | Aie reçu. |
| Qu'il reçoive. | Qu'il ait reçu. |
| Recevons. | Ayons reçu. |
| Recevez. | Ayez reçu. |
| Qu'ils reçoivent. | Qu'ils aient reçu |

## SUBJONCTIF.

PRÉSENT.

Il faut
- Que je reçoive.
- Que tu reçoives.
- Qu'il reçoive.
- Que nous recevions.
- Que vous receviez.
- Qu'ils reçoivent.

PASSÉ.

Il a fallu
- Que j'aie reçu.
- Que tu aies reçu.
- Qu'il ait reçu.
- Que nous ayons reçu.
- Que vous ayez reçu.
- Qu'ils aient reçu.

IMPARFAIT.

Il fallait
- Que je reçusse.
- Que tu reçusses.
- Qu'il reçût.
- Que nous reçussions.
- Que vous reçussiez.
- Qu'ils reçussent.

PLUS-QUE-PARFAIT.

Il aurait fallu
- Que j'eusse reçu.
- Que tu eusses reçu.
- Qu'il eût reçu.
- Que nous eussions reçu.
- Que vous eussiez reçu.
- Qu'ils eussent reçu.

## INFINITIF.

| PRÉSENT. | PASSÉ. |
|---|---|
| Recevoir. | Avoir reçu. |

## PARTICIPE.

| PRÉSENT. | PASSÉ COMPOSÉ. |
|---|---|
| Recevant. | Ayant reçu. |

PASSÉ.

Reçu.


Mais les verbes *devoir* et *redevoir* prennent l'accent circonflexe au participe passé masculin, *dû, redû.*
Les verbes *pouvoir, valoir* et *vouloir* et leurs composés
prennent *x* au lieu d's à la première et à la seconde personne
de l'indicatif.

I

## Dictée.

(Faites conjuguer sur ce modèle les verbes suivants.)

Apercevoir. — Percevoir. — Concevoir. — Décevoir. — Devoir. — Redevoir. — Déchoir. — Pourvoir. — Prévoir.

---

# N° LXXVII.

## QUATRIÈME CONJUGAISON : *RENDRE.*

### INDICATIF.

| *Temps simples.* | *Temps composés.* |
|---|---|
| **PRÉSENT.** | **PASSÉ INDÉFINI.** |
| Je rends. | J'ai rendu. |
| Tu rends. | Tu as rendu. |
| Il rend. | Il a rendu. |
| Nous rendons. | Nous avons rendu. |
| Vous rendez. | Vous avez rendu. |
| Ils rendent. | Ils ont rendu. |
| **IMPARFAIT.** | **PLUS-QUE-PARFAIT.** |
| Je rendais. | J'avais rendu. |
| Tu rendais. | Tu avais rendu. |
| Il rendait. | Il avait rendu. |
| Nous rendions. | Nous avions rendu. |
| Vous rendiez. | Vous aviez rendu. |
| Ils rendaient. | Ils avaient rendu. |
| **PASSÉ DÉFINI.** | **PASSÉ ANTÉRIEUR.** |
| Je rendis. | J'eus rendu. |
| Tu rendis. | Tu eus rendu. |
| Il rendit. | Il eut rendu. |
| Nous rendîmes. | Nous eûmes rendu. |
| Vous rendîtes. | Vous eûtes rendu. |
| Ils rendirent. | Ils eurent rendu (1). |
| **FUTUR.** | **FUTUR ANTÉRIEUR.** |
| Je rendrai. | J'aurai rendu. |
| Tu rendras. | Tu auras rendu. |
| Il rendra. | Il aura rendu. |
| Nous rendrons. | Nous aurons rendu. |

---

(1) Il y a un quatrième passé; mais on s'en sert rarement. Le voici : J'ai eu rendu, tu as eu rendu, il a eu rendu, nous avons eu rendu, vous avez eu rendu, ils ont eu rendu.

Vous rendrez.  
Ils rendront.

Vous aurez rendu.  
Ils auront rendu.

## CONDITIONNEL.

**PRÉSENT.**      **PASSÉ.**

Je rendrais.  
Tu rendrais.  
Il rendrait.  
Nous rendrions.  
Vous rendriez.  
Ils rendraient.

J'aurais rendu.  
Tu aurais rendu.  
Il aurait rendu.  
Nous aurions rendu.  
Vous auriez rendu.  
Ils auraient rendu.

*On dit aussi :* J'eusse rendu. — Tu eusses rendu. — Il eût rendu.  
— Nous eussions rendu. — Vous eussiez rendu. — Ils eussent rendu.

## IMPÉRATIF.

**PRÉSENT.**      **FUTUR ANTÉRIEUR.**

Rends.  
Qu'il rende.  
Rendons.  
Rendez.  
Qu'ils rendent.

Aie rendu.  
Qu'il ait rendu.  
Ayons rendu.  
Ayez rendu.  
Qu'ils aient rendu.

## SUBJONCTIF.

**PRÉSENT.**      **PASSÉ.**

*Il faut*
{ Que je rende.  
Que tu rendes.  
Qu'il rende.  
Que nous rendions.  
Que vous rendiez.  
Qu'ils rendent. }

*Il a fallu*
{ Que j'aie rendu.  
Que tu aies rendu.  
Qu'il ait rendu.  
Que nous ayons rendu.  
Que vous ayez rendu.  
Qu'ils aient rendu. }

**IMPARFAIT.**      **PLUS-QUE-PARFAIT.**

*Il fallait*
{ Que je rendisse.  
Que tu rendisses.  
Qu'il rendît.  
Que nous rendissions.  
Que vous rendissiez.  
Qu'ils rendissent. }

*Il aurait fallu*
{ Que j'eusse rendu.  
Que tu eusses rendu.  
Qu'il eût rendu.  
Que nous eussions rendu.  
Que vous eussiez rendu.  
Qu'ils eussent rendu. }

## INFINITIF.

**PRÉSENT.**      **PASSÉ.**

Rendre.      Avoir rendu.

## PARTICIPE.

**PRÉSENT.**      **PASSÉ COMPOSÉ.**

Rendant.      Ayant rendu.

**PASSÉ.**

Rendu.

**Diotée.**

(Faites conjuguer sur ce modèle les verbes suivants.)

Prendre. — Pendre. — Fendre. — Tendre. — Pondre. — Fondre. — Tondre. — Perdre. — Mordre. — Démordre. — Tordre. — Retordre. — Rompre. — Interrompre.

Les verbes en *indre* et en *soudre*, comme *craindre, peindre, absoudre, résoudre,* etc., ne prennent le *d* qu'au présent de l'infinitif, au futur et au conditionnel : je *craindrai, je craindrais;* dans les autres temps on supprime cette lettre : je *peins,* tu *peins,* il *peint;* je *crains,* tu *crains,* il *craint;* je *résous,* tu *résous,* il *résout,* etc.

Les verbes terminés par *aître* comme *naître, connaître, paraître,* etc., conservent l'accent circonflexe sur l'*i* lorsque cette lettre est suivie d'un *t* : ils *naîtront,* il nous *connaît;* ils perdent l'accent devant une autre lettre : Nous *naissons,* nous *connaissons,* etc.

---

# N° LXXVIII.

## ORTHOGRAPHE DES VERBES.

### PRÉSENT DE L'INDICATIF.

Si la première personne du singulier finit par *e, j'aime, j'ouvre,* etc., on ajoute *s* à la seconde : la troisième est semblable à la première. Exemple : *j'aime, tu aimes, il aime.*

Si la première personne finit par *s* ou *x,* la seconde est semblable à la première; la troisième finit ordinairement en *t : je finis, tu finis, il finit.* Dans quelques verbes, la troisième personne se termine en *d; il rend, il vend, il prétend.*

*Pluriel.* Le pluriel, dans toutes les conjugaisons, se termine toujours par *ons, ez, ent : nous aimons, vous aimez, ils aiment; nous finissons, vous finissez, ils finissent.*

Sont exceptés *faire* et ses composés, qui font *faites,* à la seconde personne du pluriel; les verbes *dire* et *redire,* font aussi *vous dites, vous redites;* les autres composés de *dire* sont réguliers à cette personne.

### IMPARFAIT DE L'INDICATIF.

L'imparfait se termine toujours de cette manière : *ais, ais, ait, ions, iez, aient.*

*J'aimais, tu aimais, il aimait, nous aimions, vous aimiez, ils aimaient.*

1. L'adversité *fait* l'homme.
2. Le ciel *protége* Troie.

3. La plainte *aigrit les mœurs.*
4. Il ne *méritait* pas tant d'honneurs.

— ANALYSE. — *Fais* prend un *s* à la fin, parce qu'à la première personne de l'indicatif il se termine par un *s* : *je fais.*

**Dictée.**

(Faites rendre compte de l'orthographe des verbes suivants.)

Tu rides. — Tu salis. — Tu conçois. — Tu ponds. — Tu hâtes. — Tu sévis. — Tu aperçois. — Tu tords. — Tu unis. — Tu dois. — Tu ornes. — Tu polis. — Tu perçois. — Tu réponds. — Il ride. — Il salit. — Il conçoit. — Il pond. — Il hâte. — Il sévit. — Il aperçoit. — Il tord. — Il unit. — Il doit. — Il orne. — Il polit. — Nous ridons. — Nous polissons. — Vous ridez. — Vous salissez. — Tu ridais. — Il ridait. — Ils rident. — Ils sévissent. — Nous unissons. — Vous apercevez.

---

# N° LXXIX.

### PASSÉ DÉFINI.

Le passé défini a quatre terminaisons : *ai, is, us, ins,* de cette manière :

*J'aimai, tu aimas, il aima, nous aimâmes, vous aimâtes, ils aimèrent.*

*Je finis, tu finis, il finit, nous finîmes, vous finîtes, ils finirent.*

*Je reçus, tu reçus, il reçut, nous reçûmes, vous reçûtes, ils reçurent.*

*Je devins, tu devins, il devint, nous devînmes, vous devîntes, ils devinrent.*

### FUTUR.

Il se termine toujours ainsi : *rai, ras, ra, rons, rez, ront.*

*J'aimerai, tu aimeras, il aimera, nous aimerons, vous aimerez, ils aimeront.*

*Je recevrai, tu recevras, il recevra, nous recevrons, vous recevrez, ils recevront* (1).

---

(1) N'écrivez pas je recev*Erai*, je rend*Erai* ; on ne met *E* devant *rai* qu'à la première conjugaison.

5.

## Diotée.

(Faites rendre compte de l'orthographe des verbes suivants.)

Je ridai. — Je salis. — Tu ridas. — Tu salis. — Il rida.— Il salit. — Nous ridâmes. — Vous conçûtes. — Vous ornâtes. — Je tordis. — Je dus. — Il perçut. — Il répondit. — Ils ridèrent. — Ils répondirent. — J'ornai. — Je polis. — Je tordis. — Nous perçûmes. — Nous répondîmes. — Tu ornas. — Tu polis. — Tu répondis. — Ils ornèrent. — Ils unirent.

---

# N° LXXX.

### CONDITIONNEL PRÉSENT.

Il se termine toujours ainsi : *rais, rais, rait, rions, riez, raient.*

*J'aimerais, tu aimerais, il aimerait, nous aimerions, vous aimeriez, ils aimeraient.*

*Je recevrais, tu recevrais, il recevrait, nous recevrions, vous recevriez, ils recevraient.*

### IMPÉRATIF.

La seconde personne du singulier de l'impératif est semblable à la première de l'indicatif, excepté dans les verbes *aller, avoir, être, savoir,* qui font *va, aie, sois, sache.* Cependant, dans les verbes où cette personne est terminée par un *e* muet on ajoute l'*s* euphonique lorsque le verbe est suivi de *y* et de *en* pronoms : *Apportes-en ; donnes-y tes soins.*

Il en est de même du verbe aller : *Vas y donner ordre ; vas en prendre.* On écrit *va-t'en* lorsqu'il s'agit du verbe *s'en aller.*

L'impératif n'a réellement pas de troisième personne tant au singulier qu'au pluriel ; cette troisième personne est empruntée au mode subjonctif.

### Diotée.

(Faites rendre compte de l'orthographe des verbes suivants.)

Je riderais. — Tu riderais. — Je salirais. — Je concevrais. — Je devrais. — Tu salirais. — Tu sévirais. — Tu polirais — Tu répondrais. — Il viderait. — Nous polirions. — Vous répondriez. — Ils uniraient. — Ils répondraient. — Nous salirions. — Vous uniriez. — Ride. — Salis. — Romps. — Unis. — Unissons. — Répondez. — Tordez. — Apercevons.

# N° LXXXI.

### PRÉSENT DU SUBJONCTIF.

Il se termine toujours ainsi : *e, es, e, ions, iez, ent.*
*Que j'aime, que tu aimes, qu'il aime, que nous aimions, que vous aimiez, qu'ils aiment.*

### IMPARFAIT DU SUBJONCTIF.

Il a quatre terminaisons : *asse, isse, usse, insse;* de cette manière :
*Que j'aimasse, que tu aimasses, qu'il aimât, que nous aimassions, que vous aimassiez, qu'ils aimassent.*
*Que je finisse, que tu finisses, qu'il finît, que nous finissions, que vous finissiez, qu'ils finissent.*
*Que je reçusse, que tu reçusses, qu'il reçût, que nous reçussions, que vous reçussiez, qu'ils reçussent.*
*Que je devinsse, que tu devinsses, qu'il devînt, que nous devinssions, que vous devinssiez, qu'ils devinssent.*
Observez que les secondes personnes plurielles des verbes ont ordinairement un *z* à la fin.

### Dictée.

Que je ride. — Que je salisse. — Que je rompe. — Que vous aimassiez. — Que vous répondissiez. — Qu'il ornât. — Qu'il répondît. — Qu'ils salissent. — Qu'ils répondissent. — Que nous ornassions. — Que nous unissions. — Que je perçusse. — Que je conçusse. — Que tu répondes. — Que tu ornes. — Que tu répondisses.

# N° LXXXII.

### FORMATION DES TEMPS DES VERBES.

Le verbe, par rapport à la manière de l'écrire, se compose de deux parties, l'une invariable, c'est le *radical;* l'autre variable, désignant son rapport avec la personne, le nombre et le temps ; c'est la *terminaison.*

| Dans | | aimer<br>finir<br>recevoir<br>rendre | | le radical<br>est | | aim<br>fin<br>rec<br>rend | | la terminai-<br>son est | | er.<br>ir.<br>evoir.<br>re. |

Pour conjuguer un verbe, il suffit d'ajouter à son radical les terminaisons de la conjugaison modèle. Ainsi on conjuguera le verbe *chanter* en ajoutant au radical *chant* les terminaisons du verbe *aimer*.

On divise les temps des verbes en temps *primitifs* et en temps *dérivés*.

— Les temps *primitifs* sont ceux qui servent à former tous les autres ; ils sont au nombre de cinq :

Le *présent de l'infinitif;*
Le *participe présent;*
Le *participe passé;*
Le *présent de l'indicatif,*
Et *le passé défini.*

— Les temps dérivés sont ceux qui sont formés des temps primitifs.

Du présent de l'infinitif on forme deux temps :

1°. Le *futur absolu*, en ajoutant *ai* après le *r* final : chanter, je chanterai ; finir, je finirai ; prévoir, je prévoirai ; répondre, je répondrai.

2°. *Le présent du conditionnel* par le futur auquel on ajoute *s :* je chanterais, je finirais, etc. Dans les verbes *avouer, remuer*, etc., les poètes écrivent quelquefois je *remûrai*, j'a*voûrai*, etc.

Du participe présent on forme trois temps :

1°. Les trois personnes plur. du présent de l'indicatif, en changeant *ant* en *ons* pour la 1re, en *ez* pour la 2e, en *ent* pour la 3e : chant*ant*, nous chant*ons*, vous chant*ez*, ils chant*ent* ; finiss*ant*, nous finiss*ons*, etc. Le présent de l'indicatif n'est un temps primitif que par son singulier.

2°. *Le parfait* en changeant *ant* en *ais* . chant*ant*, je chant*ais*, prévoy*ant*, je prévoy*ais*, répond*ant*, je répond*ais*.

3°. Le présent du subjonctif, en changeant *ant* en *e* muet : chant*ant*, que je chant*e;* finiss*ant*, que je finiss*e*, etc.

Règle générale. — L'*y* grec, comme nous l'avons dit, se change en *i* simple devant l'*e* muet : ainsi prévoy*ant* fait que je *prévoie*, effray*ant*, que j'*effraie*, etc. On excepte les verbes dont le participe présent est en *eyant*, comme *grasseyant*, *asseyant*, que j'*asseye*, que je *grasseye*, parce que l'*e* qui précède l'*y* est fermé.

Du participe passé on forme :

Tous les temps composés, au moyen des auxiliaires *avoir* et *être :* j'*ai* chanté, il *avait* fini, je *serai* tombé, etc.

Du présent de l'indicatif on forme :

L'impératif, en supprimant les pronoms sujets : *tu chantes*, *chante* ; *nous finissons*, *finissons*, etc.

La seconde personne singulière de l'impératif ne prend pas de *s* après l'*e* muet, excepté quand le verbe est suivi des pronoms *en* et *y*, et que ces pronoms sont compléments de ce verbe (alors le *s* est euphonique, et quelques grammairiens le mettent entre deux tirets). Tu vas à la campagne, *mènes-y* des ouvriers, *mènes-en* beaucoup, *sache en* trouver, *daigne y* conduire ta sœur. L'impératif *va* suit la même règle : *vas-y*, *va y* mettre ordre, *va en* chercher ( *en* est le complément de *chercher* ).

Du passé défini on forme :

L'imparfait du subjonctif en ajoutant *se* à la seconde personne singulière de ce primitif : tu *chantas*, que je *chantasse* ; tu *répondis*, que je *répondisse*.

### Dictée.

( Faites mettre les verbes suivants à l'impératif.)

J'*aime* l'étude. — Je *finis* mon devoir. — Je *reçois* un conseil. — Je *rends* service. — Je *suis* laborieux. — J'*ai* pitié. — Je *vais* à l'école. — Je *sais* ma leçon.

( Faites mettre les verbes suivants à l'imparfait du subjonctif.)

J'*aimai* le travail. — Je *finis* ma tâche. — Je *reçus* un prix. — Je *rendis* service. — Je *fus* laborieux. — J'*eus* pitié. — J'*allai* à l'école.

(Faites mettre les verbes suivants au futur.)

*Aimer* sa patrie. — *Finir* son service. — *Rendre* les armes. — *Prendre* garde à soi. — *Partir* bientôt. — *Brosser* son habit. — *Aimer* Dieu. — *Servir* son pays. — *Moudre* du blé. — *Coudre* une robe. — *Cacheter* une lettre. — *Carreler* une chambre.

( Faites mettre les verbes suivants, d'abord à l'imparfait de l'indicatif, ensuite au présent du subjonctif.)

*Aimant* sa mère. — *Finissant* sa tâche. — *Recevant* un avis. — *Rendant* la justice. — *Ayant* tort. — *Sachant* sa leçon. — *Obéissant* à son chef. — *Secourant* les pauvres. — *Ayant* soif. — *Faisant* du bien. — *Disant* la vérité. — *Lisant* un livre. — *Écrivant* une lettre. — *Chérissant* sa mère.

(Faites mettre les verbes suivants aux trois personnes plurielles du présent de l'indicatif.)

Partant. — Chantant. — Travaillant. — Écrivant. — Regardant. — Visant. — Marchant. — Dormant. — Lisant. — Secourant. — Parlant. — Étant. — Ayant. — Sachant. — Faisant. — Disant. — Suppliant. — Frappant. — Donnant.

# N° LXXXIII.

### DES VERBES IRRÉGULIERS.

Les verbes réguliers sont ceux qui se conjuguent dans tous leurs temps comme le verbe modèle de la conjugaison à laquelle ils appartiennent; les verbes irréguliers sont ceux qui ne se conjuguent pas comme le verbe modèle.

Il y a des verbes qui ne sont irréguliers qu'aux temps primitifs : plusieurs de ces verbes appartiennent à des classes assez nombreuses pour être regardés comme des variétés de la conjugaison dont ils font partie : tels sont *ouvrir, sentir, craindre, paraître, conduire,* etc.

### PREMIÈRE CONJUGAISON.

Aller. *Ind.* Je vais, tu vas, il va, nous allons, vous allez, ils vont ; *imparf.*, j'allais; *passé déf.*, j'allai; *futur*, j'irai, etc.; *condit.*, j'irais, etc.: *imp.*, va, allons, allez; *subj.*, que j'aille, que tu ailles, qu'il aille, que nous allions, que vous alliez, qu'ils aillent; *imparf.*, que j'allasse... *part.*, allant, allé. Il en est de même de *s'en aller.*

Envoyer. Le *futur* et le *conditionnel* ont pour radical *enver*, les autres temps sont réguliers.

### DEUXIÈME CONJUGAISON.

Acquérir. *Ind.*, J'acquiers, tu acquiers, il acquiert, *n. v. rég.* ils acquièrent; *imp. rég.*; *passé déf.*, j'acquis, etc.; *passé indéf.*, j'ai acquis, etc.; *fut.* et *cond. rég.*; *impératif*, acquiers, acquérons, acquérez; *subj.*, que j'acquière, que tu acquières, etc.; *imp.*, que j'acquisse, etc. *part.*, acquérant, acquis. Il en est de même de *conquérir, requérir, s'enquérir.*

Assaillir. *Ind.*, J'assaille... ; *imp.*, j'assaillais...; *subj.*, que j'assaille...; *part.*, assaillant, assailli.

Bouillir. *Ind.*, Je bous..., nous bouillons...; *imp.*, je bouillais, nous bouillions...; *futur*, je bouillirai...; *impér.*, bous...; *subj.*, que je bouille...; *imp.*, que je bouillisse...; *part.*, bouillant, bouilli.

**Courir.** *Ind.* Je cours..., nous courons...; *futur*, je courrai...; *conditionnel*, je courrais...; *subj.*, que je coure...; *imp.*, que je courusse...; *part.*, courant, couru. Il en est de même de tous ceux dont la finale est en *courir* comme *accourir*, *concourir*, *secourir*, etc.

**Cueillir.** *Présent.* Je cueille, tu cueilles, il cueille, nous cueillons...; *futur.*, je cueillerai...; *conditionnel*, je cueillerais...; *part.*, cueillant, cueilli. Il en est de même de ses composés *recueillir* et *accueillir.*

**Faillir.** Ce verbe très-irrégulier fait au *présent* je faux, tu faux, il faut; il n'est guère employé que dans ces formes : je faillis, nous faillîmes..., j'ai, j'aurais ou j'eusse failli; *part.*, faillant, failli.

**Férir** (frapper). Il n'est employé que dans cette locution : *Sans coup férir* (sans frapper de coups).

**Fuir.** *Présent.* Je fuis..., nous fuyons...; *imparf.*, je fuyais..., nous fuyions...; *passé défini*, je fuis... nous fuimes...; *subj.*, que je fuie...; *imparfait*, que je fuisse..., que nous fuissions... Il en est de même de *s'enfuir.*

**Gésir** (être couché). N'est usité que dans les formes suivantes : Ci-gît, il gît, nous gisons, ils gisent; *part.* gisant.

**Mourir.** *Présent.* Je meurs..., nous mourons...; *imparfait*, je mourais..., nous mourions...; *passé déf.* je mourus...., nous mourûmes...; *futur*, je mourrai..., nous mourrons...; *impératif*, meurs..., mourons...; *part*, mourant, mort.

**Sentir.** *Présent.* Je sens...; *subj.*, que je sente....; *part.*, sentant, senti.

**Sortir.** *Présent* Je sors...; *subj.*, que je sorte... Il en est de même de *ressortir*, sortir une seconde fois.

**Tressaillir, Saillir.** Comme assaillir.

**Venir.** *Présent.* Je viens..., nous venons..., ils viennent...; *futur*, je viendrai...; *subj.*, que je vienne..., *imparfait*, que je vinsse..., que nous vinssions....; *part.*, venant, venu. Il en est de même de ceux dont la finale est en *venir* comme *revenir*, *devenir*, *convenir*, etc.

**Vêtir.** *Présent.* Je vêts, tu vêts, il vêt, nous vêtons, vous vêtez, ils vêtent; *imparf.*, je vêtais...; *passé*, je vêtis...; *futur*, je vêtirai...; *impératif*, vêts..., vêtons...; *subj.*, que je vête...; *imparf.*, que je vêtisse; *part.*, vêtant, vêtu. Il en est de même de *revêtir*, *dévêtir*, etc.

## TROISIÈME CONJUGAISON.

**S'asseoir.** *Présent.* Je m'assieds, tu t'assieds, il s'assied, nous nous asseyons, vous vous asseyez, ils s'asseyent; *imparfait*, je m'asseyais...; nous nous asseyions, vous vous asseyiez, ils s'asseyaient; *passé déf.*, je m'assis...; *futur*, je m'assiérai ou je m'asseyerai...; *conditionnel*, je m'assiérais ou je m'asseyerais... ; *impératif*, assieds-toi, asseyons-nous, asseyez-vous ; *subj.*, que je m'asseye, que tu t'asseyes... ; *imparf.*, que je m'assisse...; *part.*, s'asseyant, assis. Il en est de même de *rasseoir*.

**DEVOIR.** Le part. passé, au masculin, s'écrit avec l'accent circonflexe *dû*.

**DÉCHOIR.** Je déchois, tu déchois, il déchoit, nous déchoyons, vous déchoyez, ils déchoient; *imparf.*, je déchéais..., nous déchéions... ; *futur*, je décherrai... ; nous décherrons...; *conditionnel*, je décherrais... ; *subj.*, que je déchoie..., que nous déchoyions... ; *imparf.*, que je déchusse..., que nous déchussions...; *part. prés.*, déchéant; *passé*, déchu.

**FALLOIR.** (unipersonnel.) Il faut, il fallait, il fallut, il faudra, qu'il faille.

**MOUVOIR.** *Présent.* Je meus, tu meus, il meut, nous mouvons, vous mouvez, ils meuvent; *imp.*, je mouvais...; *cond.*, je mouvrais..., *impér.*, meus..., mouvons...; *subj.*, que je meuve..., que nous mouvions..., qu'ils meuvent; *imp.*, que je musse, qu'il mût...; *part.*, mouvant, mu. Il en est de même de *émouvoir*.

**PLEUVOIR** (unipersonnel.) Il pleut, il pleuvait, il plut, il pleuvra, qu'il pleuve, qu'il plût, pleuvant.

**PRÉVALOIR.** *Présent.* Je prévaux...; *imp.*, je prévalais... ; *futur*, je prévaudrai...; *subj.*, que je prévale..., que nous prévalions...; *imp.*, que je prévalusse.

**POURVOIR.** *Ind.* Je pourvois, tu pourvois, il pourvoit, nous pourvoyons, vous pourvoyez, ils pourvoient; *imparf.*, je pourvoyais, nous pourvoyions...; *futur*, je pourvoirai...; *impér.*, pourvois, pourvoyons... ; *subj.*, que je pourvoie, que nous pourvoyions, *imp.*, que je pourvusse, que nous pourvussions.

**POUVOIR.** Je peux ou je puis, tu peux, il peut, nous pouvons, vous pouvez, ils peuvent; *futur*, je pourrai, tu pourras, il pourra...; *subj.*, que je puisse..., que nous puissions...; *imparf.*, que je pusse, que tu pusses... (En interrogeant on met *puis-je*, et non pas *peux-je*.) *Part.*, pouvant, pu.

**SAVOIR.** Je sais..., nous savons...; *imp.*, je savais...; *passé déf.*, je sus...; *futur*, je saurai...; *impér.*, sache...; *subj.*, que je sache...; *imp.*, que je susse...; *part.*, sachant, su.

**SEOIR** ( signifiant être convenable ), ne s'emploie qu'aux temps suivants. *Présent.* Il sied, ils siéent; *imparf.*, il seyait; *futur*, il siéra; *cond.*, il siérait.

**SURSEOIR.** *Présent.* Je sursois..., nous surseoyons...; *imparf.*, je surseoyais...; *futur*, je surseoirai...; *imparf. du subj.*, que je sursisse; *part.*, sursis.

**VALOIR.** Je vaux, tu vaux, il vaut, nous valons...; *futur*, je vaudrai...; *subj.*, que je vaille..., que nous valions, que vous valiez, qu'ils vaillent; *imp.*, que je valusse...; *part.*, valant, valu.

**VOIR.** Je vois..., nous voyons..., ils voient; *imparf.*, je voyais..., nous voyions..., *passé déf.*, je vis..., nous vîmes...; *futur*, je verrai...; *imp.*, vois..., voyons...; *subj.*, que je voie..., que nous voyions...; *imparf.*, que je visse...; *part.*, voyant, vu. Il en est de même de *revoir*, *entrevoir*, etc.

**VOULOIR.** *Présent.* Je veux, tu veux, il veut, nous voulons..., ils veulent; *imparf.*, je voulais...; *futur;* je voudrai; *impér.*, veuille, veuillons, veuillez; *subj.*, que je veuille, que tu veuilles, qu'il veuille, que nous voulions, que vous vouliez, qu'ils veuillent; *imparf.*, que je voulusse..., que nous voulussions...; *part.*, voulant, voulu.

## QUATRIÈME CONJUGAISON.

**ABSOUDRE.** J'absous, tu absous, il absout, nous absolvons...; *imp.*, j'absolvais... Sans *passé déf.*, ni *imparf.* du *subj.* futur, j'absoudrai...; *subj.* que j'absolve... *Part.* absolvant, absous, absoute. Il en est de même de *dissoudre* et *résoudre*; cependant ce dernier fait au passé défini je *résolus*, nous *résolûmes*.

**ATTEINDRE.** J'atteins...; *passé*, j'atteignis...; *part.*, atteignant, atteint.

**BATTRE.** Je bats, tu bats, il bat...; *part.*, battant, battu. Il en est de même de ceux dont la finale est en *battre* comme *abattre*, *combattre*, etc.

**BOIRE.** *Présent.* Je bois, tu bois, il boit, nous buvons, vous buvez, ils boivent; *imp.*, je buvais...; *futur*, je boirai...; *subj.*, que je boive, que tu boives, qu'il boive, que nous buvions, que vous buviez, qu'ils boivent; *imparf.*, que je busse...; *part.*, buvant, bu.

**BRAIRE.** Verbe peu usité, excepté dans ces formes: Il brait, il brayait, il braira, il brairait; *part.*, brayant.

**BRUIRE.** Verbe peu employé, excepté dans ces formes : Il bruit, ils bruissent, il bruyait (les flots bruissent); *part.*, bruyant.

**CLORE.** Je clos, tu clos, il clôt, je clorai...; verbe peu usité.

**CONCLURE.** Je conclus...; *part.*, concluant, conclu. Il en est de même de *exclure*.

**CONFIRE.** *Prés.* Je confis...; *passé*, je confis; *part.*, confisant, confit.

**CONNAÎTRE.** Je connais..., nous connaissons...; *subj.* que je connaisse...; *imp.*, que je connusse; *part.*, connaissant, connu. Conjuguez de même *paraître*, *croître*, et leurs composés.

**COUDRE.** Je couds, tu couds, il coud, nous cousons...; *imp.*, je cousais..., nous cousions...; *passé*, je cousis...; *futur*, je coudrai...; *impér.*, cous..., cousons...; *subj.*, que je couse...; *imparf.*, que je cousisse...; *part.*, cousant, cousu. Il en est de même de ses composés.

CRAINDRE. Je crains...; je craignis...; *part.*, craignant, craint. Conjuguez de même *contraindre*.

CROIRE. Je crois..., nous croyons.., ils croient...; *imp.*, je croyais..., nous croyions...; *subj.*, que je croie..., que nous croyions, que vous croyiez, qu'ils croient; *imp.*, que je crusse...; *part.*, croyant, cru.

DIRE. Je dis..., nous disons, vous dites...; *subj.*, que je dise..., que nous disions...; *imp.*, que je disse..., que nous dissions. Des composés de dire, il n'y a que le verbe *redire* qui se conjugue de même, les autres font : vous contredisez, vous médisez, vous prédisez, etc.; disant, dit. Conjuguez de même *dédire*, *contredire*, *interdire;* cependant ces derniers font vous *dédisez*, vous *contredisez*, vous *interdisez*, au lieu de vous *dédites*, etc.

ÉCRIRE. J'écris, tu écris..., nous écrivons...; *imp.*, j'écrivais..., que j'écrivisse ; *part.*, écrivant, écrit. Conjuguez de même *circonscrire* et tous les verbes en *crire*, comme *proscrire*, *prescrire* , etc.

FAIRE. Je fais, tu fais, il fait, nous faisons, vous faites, ils font; *futur*, je ferai...; *impér.*, fais..., faisons, faites...; *subj.*, que je fasse..., que nous fassions...; *imp.*, que je fisse...; *part.*, faisant, fait. Conjuguez de même *contrefaire* et autres verbes en *faire*.

FRIRE. Verbe peu usité, excepté au présent et au futur : Je fris, tu fris, il frit; *futur*, je frirai. Ordinairement même on dit : Je fais frire, je ferai frire, faites frire, etc.

JOINDRE. Je joins...; *passé*, je joignis; *part.*, joignant, joint. Conjuguez de même *rejoindre* et tous les verbes en *joindre*.

LIRE. Je lis...; *imp.*, je lisais...; *passé*, je lus...; *part.*, lisant, lu.

LUIRE. Je luis... ; luisant, lui. Ce verbe n'a pas de *passé défini*, ni d'*imparf. du subjonctif.*

METTRE. Je mets, tu mets, il met, nous mettons...; *imp.*, je mettais...; *passé*, je mis...; *impér.*, mets..., mettons...; *subj.*, que je mette ...; *imparf.*, que je misse...; *part.*, mettant, mis. Conjuguez de même les verbes en *mettre* comme *soumettre*, *admettre*, etc.

MOUDRE. Je mouds, tu mouds, il moud, nous moulons, vous moulez, ils moulent; *imp.*, je moulais...; *futur*, je moudrai...; *subj.*, que je moule...; *part.*, moulant, moulu. Conjuguez de même *émoudre* et *remoudre*.

NAÎTRE. Je nais...; *passé*, je naquis...; *part.*, naissant, né. (Il se conjugue avec *être*.)

PAÎTRE. Ce verbe n'est pas usité dans tous les temps. Je pais, tu pais, il paît, nous paissons ..; *imp.*, je paissais...; *futur*, je paîtrai...; *subj. prés.*, que je paisse ; *part.*, paissant.

**PARAÎTRE.** Je parais, tu parais, il paraît, nous paraissons. *Part.*, paraissant, paru.

**PEINDRE.** Je peins, tu peins, il peint, nous peignons...; *imp.*, je peignais...; *impér.*, peins..., peignons ...; *subj.*, que je peigne...; *imparf.*, que je peignisse...; *part.*, peignant, peint. Conjuguez de même *dépeindre, repeindre, restreindre, teindre*, etc.

**PLAIRE.** Je plais, tu plais, il plaît, nous plaisons...; *part.*, plaisant, plu.

**PRENDRE.** Je prends..., nous prenons..., ils prennent ; *impér.*, prends, prenons, prenez ; *subj.*, que je prenne..., que nous prenions..., qu'ils prennent. ( L'*n* se redouble quand la syllabe qui le suit a le son de l'*e* muet.) *Part.*, prenant, pris. Conjuguez de même tous les verbes en *prendre* comme *reprendre, apprendre*, etc.

**RÉSOUDRE.** Je résous, tu résous, il résout, nous résolvons...; *imp.*, je résolvais...; *impér.*, résous..., résolvons...; *subj.*, que je résolve...; *imp.*, que je résolusse...; *part.*, résolvant, résolu, résous.

**RIRE.** Je ris ; *part.*, riant, ri  Conjuguez de même *sourire*.

**ROMPRE.** Je romps...; *passé*, je rompis ..; *part.*, rompant, rompu. Conjuguez de même *interrompre*, etc.

**SUFFIRE.** Je suffis...; *passé*, je suffis...; *part.*, suffisant, suffi.

**SUIVRE.** Je suis, tu suis, il suit, nous suivons...; *impér.*, suis, suivons...; *subj.*, que je suive...; *part.*, suivant, suivi. Conjuguez de même *poursuivre* et *s'ensuivre*.

**TAIRE.** Je tais ; *passé*, je tus ; *part.*, taisant, tu.

**TRAIRE.** Je trais, tu trais, il trait, nous trayons, ils traient...; *subj.*, que je traie ( pas d'*imparf. du subj.*). Conjuguez de même *distraire, abstraire, extraire, soustraire*, etc.

**VAINCRE** peu usité. Je vaincs, tu vaincs, il vainc, nous vainquons...; *imp.*, je vainquais..., nous vainquions...; *impér.*, vaincs..., vainquons...; *subj.*, que je vainque..., que nous vainquions...; *imp.*, que je vainquisse...; *part.*, vainquant, vaincu. Conjuguez de même *convaincre*, etc.

---

# N° LXXXIV.

### CONJUGAISON DES VERBES PASSIFS.

Il n'y a qu'une seule conjugaison pour tous les verbes *passifs* ; elle se compose de l'auxiliaire *être* dans tous ses temps, et du participe passé du verbe actif que l'on veut conjuguer passivement.

Voici un modèle de la conjugaison des verbes passifs :

### INDICATIF.

#### PRÉSENT.

Je suis  
Tu es  
Il *ou* elle est  
Nous sommes  
Vous êtes  
Ils *ou* elles sont  
{ aimé *ou* aimée. aimés *ou* aimées. }

#### IMPARFAIT.

J'étais  
Tu étais  
Il *ou* elle était  
Nous étions  
Vous étiez  
Ils *ou* elles étaient  
{ aimé *ou* aimée. aimés *ou* aimées. }

#### PASSÉ DÉFINI.

Je fus  
Tu fus  
Il *ou* elle fut  
Nous fûmes  
Vous fûtes  
Ils *ou* elles furent  
{ aimé *ou* aimée. aimés *ou* aimées. }

#### PASSÉ INDÉFINI.

J'ai été  
Tu as été  
Il *ou* elle a été  
Nous avons été  
Vous avez été  
Ils *ou* elles ont été  
{ aimé *ou* aimée. aimés *ou* aimées. }

#### PASSÉ ANTÉRIEUR.

J'eus été  
Tu eus été  
Il *ou* elle eut été.  
Nous eûmes été  
Vous eûtes été  
Ils *ou* elles eurent été  
{ aimé *ou* aimée. aimés *ou* aimées. }

#### PLUS-QUE-PARFAIT.

J'avais été  
Tu avais été  
Il *ou* elle avait été  
Nous avions été  
Vous aviez été  
Ils *ou* elles avaient été  
{ aimé *ou* aimée. aimés *ou* aimées. }

### FUTUR.

Je serai  
Tu seras  
Il *ou* elle sera  
Nous serons  
Vous serez  
Ils *ou* elles seront  
{ aimé *ou* aimée. aimés *ou* aimées. }

#### FUTUR ANTÉRIEUR.

J'aurai été  
Tu auras été  
Il *ou* elle aura été  
Nous aurons été  
Vous aurez été  
Ils *ou* elles auront été  
{ aimé *ou* aimée. aimés *ou* aimées. }

### CONDITIONNEL.

#### PRÉSENT.

Je serais  
Tu serais  
Il *ou* elle serait  
Nous serions  
Vous seriez  
Ils *ou* elles seraient  
{ aimé *ou* aimée. aimés *ou* aimées. }

#### PASSÉ.

J'aurais été  
Tu aurais été  
Il *ou* elle aurait été  
Nous aurions été  
Vous auriez été  
Ils *ou* elles auraient été  
{ aimé *ou* aimée. aimés *ou* aimées. }

*On dit aussi :*

J'eusse été  
Tu eusses été  
Il *ou* elle eût été  
Nous eussions été  
Vous eussiez été  
Ils *ou* elles eussent été  
{ aimé *ou* aimée. aimés *ou* aimées. }

### IMPÉRATIF.

*Point de 1re personne du sing. ni de 3e pour les 2 nombres.*

Sois  
Soyons  
Soyez  
{ aimé *ou* aimée. aimés *ou* aimées. }

## SUBJONCTIF.

### PRÉSENT OU FUTUR.

| | |
|---|---|
| Que je sois | aimé |
| Que tu sois | ou |
| Qu'il *ou* qu'elle soit | aimée. |
| Que nous soyons | aimés |
| Que vous soyez | ou |
| Qu'ils *ou* qu'elles soient | aimées. |

### IMPARFAIT.

| | |
|---|---|
| Que je fusse | aimé |
| Que tu fusses | ou |
| Qu'il *ou* qu'elle fût. | aimée. |
| Que nous fussions | aimés |
| Que vous fussiez | ou |
| Qu'ils *ou* qu'elles fussent | aimées. |

### PASSÉ.

| | |
|---|---|
| Que j'aie été | aimé |
| Que tu aies été | ou |
| Qu'il *ou* qu'elle ait été | aimée. |
| Que nous ayons été | aimés |
| Que vous ayez été | ou |
| Qu'ils *ou* qu'elles aient été | aimées. |

## PLUS-QUE-PARFAIT.

| | |
|---|---|
| Que j'eusse été | aimé |
| Que tu eusses été | ou |
| Qu'il *ou* qu'elle eût été | aimée. |
| Que nous eussions été | aimés |
| Que vous eussiez été | ou |
| Qu'ils *ou* qu'elles eussent été | aimées. |

## INFINITIF.

### PRÉSENT.

Être aimé *ou* aimée.

### PASSÉ.

Avoir été aimé *ou* aimée.

## PARTICIPE.

### PRÉSENT.

Étant aimé *ou* aimée.

### PASSÉ.

Ayant été aimé *ou* aimée.

### Dictée.

(Faites conjuguer sur ce modèle les verbes suivants.)

Être vaincu. — Être pris. — Être craint. — Être estimé. — Être favorisé. — Être écrasé. — Être étonné. — Être oublié. — Être entendu. — Être séduit. — Être vendu. — Être combattu. — Être défait. — Être puni. — Être massacré. — Être tué. — Être épié. — Être adoré. — Être trahi. — Être écouté.

---

## Nº LXXXV.

### CONJUGAISON DES VERBES NEUTRES.

Les verbes neutres se conjuguent comme les verbes actifs, quand ils prennent l'auxiliaire *avoir* ; mais lorsqu'ils prennent l'auxiliaire *être*, le participe varie à la manière passive aux temps composés.

### INDICATIF.

#### PRÉSENT.

Je pars.
Tu pars.
Il *ou* elle part.
Nous partons.
Vous partez.
Ils *ou* elles partent.

#### IMPARFAIT.

Je partais,

Tu partais.
Il *ou* elle partait.
Nous partions.
Vous partiez.
Ils *ou* elles partaient.

### PASSÉ DÉFINI.

Je partis.
Tu partis.
Il *ou* elle partit.
Nous partîmes.
Vous partîtes.
Ils *ou* elles partirent.

### PASSÉ INDÉFINI.

Je suis
Tu es
Il *ou* elle est { parti *ou* partie.
Nous sommes
Vous êtes
Ils *ou* elles sont { partis *ou* parties.

### PASSÉ ANTÉRIEUR.

Je fus
Tu fus
Il *ou* elle fut { parti *ou* partie.
Nous fûmes
Vous fûtes
Ils *ou* elles furent { partis *ou* parties.

### PLUS-QUE-PARFAIT.

J'étais
Tu étais
Il *ou* elle était { parti *ou* partie.
Nous étions
Vous étiez
Ils *ou* elles étaient { partis *ou* parties.

### FUTUR.

Je partirai.
Tu partiras.
Il *ou* elle partira.
Nous partirons.
Vous partirez.
Ils *ou* elles partiront.

### FUTUR ANTÉRIEUR.

Je serai
Tu seras
Il *ou* elle sera { parti *ou* partie.
Nous serons
Vous serez
Ils *ou* elles seront { partis *ou* parties.

## CONDITIONNEL.

### PRÉSENT.

Je partirais.
Tu partirais.
Il *ou* elle partirait.
Nous partirions.
Vous partiriez.
Ils *ou* elles partiraient.

### PASSÉ.

Je serais
Tu serais
Ils *ou* elle serait { parti *ou* partie.
Nous serions
Vous seriez
Ils *ou* elles seraient { partis *ou* parties.

*On dit aussi :*

Je fusse
Tu fusses
Il *ou* elle fût { parti *ou* partie.
Nous fussions
Vous fussiez
Ils *ou* elles fussent { partis *ou* parties

## IMPÉRATIF.

*Point de 1ʳᵉ personne du sing. ni
de 3ᵉ pour les 2 nombres.*

Pars.
Partons.
Partez.

## SUBJONCTIF.

### PRÉSENT OU FUTUR.

Que je parte.
Que tu partes.
Qu'il *ou* qu'elle parte.
Que nous partions.
Que vous partiez.
Qu'ils *ou* qu'elles partent.

### IMPARFAIT.

Que je partisse.
Que tu partisses.
Qu'il *ou* qu'elle partît.
Que nous partissions.
Que vous partissiez.
Qu'ils *ou* qu'elles partissent.

<table>
<tr><td>

PASSÉ.

Que je sois     { parti
Que tu sois     ou
Qu'il *ou* qu'elle soit     { partie.
Que nous soyons     { partis
Que vous soyez     ou
Qu'ils *ou* qu'elles soient     { parties.

PLUS-QUE-PARFAIT.

Que je fusse     { parti
Que tu fusses,     ou
Qu'il *ou* qu'elle fût     { partie.
Que nous fussions     { partis
Que vous fussiez     ou
Qu'ils *ou* qu'elles fussent     { parties.

</td><td>

### INFINITIF.

PRÉSENT.

Partir.

PASSÉ.

Être parti *ou* partie.

### PARTICIPE.

PRÉSENT.

Partant.

PASSÉ.

Parti, partie ; étant parti *ou* partie.

</td></tr>
</table>

**Dictée.**

(Faites conjuguer de même les verbes suivants.)

Aller. — Arriver. — Décéder. — Entrer. — Sortir. — Mourir. — Venir. — Devenir. — Survenir. — Revenir. — Parvenir. — Tomber.

---

# N° LXXXVI.

### CONJUGAISON DES VERBES RÉFLÉCHIS.

Les verbes réfléchis se conjuguent toujours avec l'auxiliaire *être*, qui remplace l'auxiliaire *avoir* ; le participe varie aux temps composés, si les pronoms réfléchis sont en régimes directs.

### INDICATIF.

<table>
<tr><td>

PRÉSENT.

Je me flatte.
Tu te flattes.
Il *ou* elle se flatte.
Nous nous flattons.
Vous vous flattez.
Ils *ou* elles se flattent.

IMPARFAIT.

Je me flattais.
Tu te flattais.
Il *ou* elle se flattait.
Nous nous flattions.
Vous vous flattiez.
Ils *ou* elles se flattaient.

</td><td>

PASSÉ DÉFINI.

Je me flattai.
Tu te flattas.
Il *ou* elle se flatta.
Nous nous flattâmes.
Vous vous flattâtes.
Ils *ou* elles se flattèrent.

PASSÉ INDÉFINI.

Je me suis     { flatté
Tu t'es     ou
Il *ou* elle s'est     { flattée.
Nous nous sommes     { flattés
Vous vous êtes     ou
Ils *ou* elles se sont     { flattées.

</td></tr>
</table>

PASSÉ ANTÉRIEUR.

Je me fus     } flatté
Tu te fus     } ou
Il *ou* elle se fut     } flattée.
Nous nous fûmes     } flattés
Vous vous fûtes     } ou
Ils *ou* elles se furent     } flattées.

PLUS-QUE-PARFAIT

Je m'étais     } flatté
Tu t'étais     } ou
Il *ou* elle s'était     } flattée.
Nous nous étions     } flattés
Vous vous étiez     } ou
Ils *ou* elles s'étaient     } flattées.

FUTUR.

Je me flatterai.
Tu te flatteras.
Il *ou* elle se flattera.
Nous nous flatterons
Vous vous flatterez.
Ils *ou* elles se flatteront.

FUTUR ANTÉRIEUR.

Je me serai     } flatté
Tu te seras     } ou
Il *ou* elle se sera     } flattée.
Nous nous serons     } flattés
Vous vous serez     } ou
Ils *ou* elles se seront     } flattées.

# CONDITIONNEL.

PRÉSENT.

Je me flatterais.
Tu te flatterais.
Il *ou* elle se flatterait.
Nous nous flatterions.
Vous vous flatteriez.
Ils *ou* elles se flatteraient.

PASSÉ.

Je me serais     } flatté
Tu te serais     } ou
Il *ou* elle se serait     } flattée.
Nous nous serions     } flattés
Vous vous seriez     } ou
Ils *ou* elles se seraient     } flattées.

*On dit aussi :*

Je me fusse     } flatté
Tu te fusses     } ou
Il *ou* elle se fût     } flattée.
Nous nous fussions     } flattés
Vous vous fussiez     } ou
Ils *ou* elles se fussent     } flattées.

# IMPÉRATIF.

*Point de 1re personne du sing. ni de 3e pour les 2 nombres.*

Flatte-toi.
Flattons-nous.
Flattez-vous.

# SUBJONCTIF.

PRÉSENT OU FUTUR.

Que je me flatte.
Que tu te flattes.
Qu'il *ou* qu'elle se flatte
Que nous nous flattions.
Que vous vous flattiez.
Qu'ils *ou* qu'elles se flattent.

IMPARFAIT.

Que je me flattasse.
Que tu te flattasses.
Qu'il *ou* qu'elle se flattât.
Que nous nous flattassions.
Que vous vous flattassiez.
Qu'ils *ou* qu'elles se flattassent.

PASSÉ.

Que je me sois     } flatté
Que tu te sois     } ou
Qu'il *ou* qu'elle se soit     } flattée.
Que nous nous soyons     } flattés
Que vous vous soyez     } ou
Qu'ils *ou* qu'elles se soient     } flattées.

PLUS-QUE-PARFAIT

Que je me fusse     } flatté
Que tu te fusses     } ou
Qu'il *ou* qu'elle se fût     } flattée.
Que nous nous fussions     } flattés
Que vous vous fussiez     } ou
Qu'ils *ou* qu'elles se fussent     } flattées.

<table>
<tr><td>

**INFINITIF.**

*PRÉSENT.*

Se flatter.

*PASSÉ.*

S'être flatté *ou* flattée.

</td><td>

**PARTICIPE.**

*PRÉSENT.*

Se flattant.

*PASSÉ.*

S'étant flatté *ou* flattée.

</td></tr>
</table>

**Dictée.**

( Faites conjuguer les verbes suivants.)

S'estimer. — S'écrier. — S'apitoyer. — Se repentir. — Se plaindre. — Se résoudre. — S'évanouir. — Se douter. — Se servir. — Se moquer. — Se défier. — Se désister. — S'opiniâtrer. — Se prévaloir. — Se disputer. — Se prosterner. — Se blottir. — Se méprendre. — S'extasier. — Se souvenir. — Se rappeler. — S'acharner.

---

## N° LXXXVII.

### CONJUGAISON DES VERBES IMPERSONNELS.

### VERBE IMPERSONNEL *TONNER.*

Les verbes impersonnels ou unipersonnels se conjuguent à la troisième personne comme les autres verbes.

<table>
<tr><td>

**INDICATIF.**

*PRÉSENT.*

Il tonne.

*IMPARFAIT.*

Il tonnait.

*PASSÉ DÉFINI.*

Il tonna.

*PASSÉ INDÉFINI.*

Il a tonné.

*PASSÉ ANTÉRIEUR.*

Il eut tonné.

*PLUS-QUE-PARFAIT.*

Il avait tonné.

*FUTUR.*

Il tonnera.

</td><td>

*FUTUR ANTÉRIEUR.*

Il aura tonné.

**CONDITIONNEL.**

*PRÉSENT.*

Il tonnerait.

*PASSÉ.*

Il aurait tonné.

**SUBJONCTIF.**

*PRÉSENT OU FUTUR.*

Qu'il tonne.

*IMPARFAIT.*

Qu'il tonnât

*PASSÉ.*

Qu'il ait tonné.

</td></tr>
</table>

PLUS-QUE-PARFAIT.

Qu'il eût tonné.

INFINITIF.

PRÉSENT.

Tonner.

PASSÉ.

Avoir tonné.

PARTICIPE.

PRÉSENT.

Tonnant.

PASSÉ.

Ayant tonné.

**Dictée.**

(Faites conjuguer de même les verbes suivans.)

Falloir. — Importer. — Faire beau. — Faire du vent — Faire vilain temps. — Pleuvoir. — Grêler. — Brumer. — Grésiller. — Faire du brouillard. — Convenir.

# N° LXXXVIII.

## MODÈLE DES VERBES CONJUGUÉS INTERROGATIVEMENT.

Le langage par interrogation étant très-usité, nous pensons qu'il est nécessaire de donner un modèle des verbes conjugués sous cette forme.

### VERBE *être* CONJUGUÉ INTERROGATIVEMENT.

**MODE INDICATIF.**

PRÉSENT.

Suis-je ?
Es-tu ?
Est-il ?
Sommes-nous ?
Êtes-vous ?
Sont-ils ?

IMPARFAIT.

Étais-je ?
Étais-tu ?
Était-il ?
Étions-nous ?
Étiez-vous ?
Étaient-ils ?

PASSÉ DÉFINI.

Fus-je ?
Fus-tu ?
Fut-il ?
Fûmes-nous ?
Fûtes-vous ?
Furent-ils ?

PASSÉ INDÉFINI.

Ai-je été ?
As-tu été ?
A-t-il été ?
Avons-nous été ?
Avez-vous été ?
Ont-ils été ?

PASSÉ ANTÉRIEUR.

Eus-je été ?
Eus-tu été ?
Eut-il été ?
Eûmes-nous été ?
Eûtes-vous été ?
Eurent-ils été ?

PLUS-QUE-PARFAIT.

Avais-je été ?
Avais-tu été ?
Avait-il été ?
Avions-nous été ?
Aviez-vous été ?
Avaient-ils été ?

FUTUR SIMPLE.

Serai-je ?
Seras-tu ?
Sera-t-il ?
Serons-nous ?
Serez-vous ?
Seront-ils ?

FUTUR ANTÉRIEUR.

Aurai-je été ?
Auras-tu été
Aura-t-il été ?

Aurons-nous été ?
Aurez-vous été ?
Auront-ils été ?

**CONDITIONNEL.**

PRÉSENT.

Serais-je ?
Serais-tu ?
Serait-il ?
Serions-nous ?
Seriez-vous ?
Seraient-ils ?

PASSÉ.

Aurais-je été ?
Aurais-tu été ?
Aurait-il été ?
Aurions-nous été ?
Auriez-vous été ?
Auraient-ils été ?

*On dit aussi :* Eussé-je été ? Eusses-*tu* été ? Eût-*il* été ? Eussions-*nous* été ? Eussiez-*vous* été ? Eussent-*ils* été ?

**Dictée.**

(Faites conjuguer sur ce modèle les expressions suivantes.)

Suis-je bon à quelque chose ? — Suis-je votre ami ? — Suis-je votre domestique ? — Suis-je votre esclave ? — Suis-je habitant de ce pays ? — Suis-je votre maître ? — Suis-je mal avec quelqu'un ? — Suis-je de votre opinion ? — Suis-je du complot ? — Suis-je de la partie ? — Suis-je le vainqueur ? — Suis-je vaincu ? Suis-je aimé ? — Suis-je détesté ?

## N° LXXXIX.

### VERBE *avoir* CONJUGUÉ INTERROGATIVEMENT.



| MODE INDICATIF. | | | |
|---|---|---|---|
| **PRÉSENT** | Eûmes-*nous* ? | Avais-*tu* eu ? | Auront-*ils* eu ? auront-*elles* eu ? |
| Ai-je ? | Eûtes-*vous* ? | Avait-*il* eu ? avait-*elle* eu ? | |
| As-*tu* ? | Eurent-*ils* ? eurent-*elles* ? | Avions-*nous* eu ? | **MODE CONDITIONNEL.** |
| A-*t-il* ? a-*t-elle* ? | **PASSÉ INDÉFINI.** | Aviez-*vous* eu ? | **PRÉSENT.** |
| Avons-*nous* ? | Ai-je eu ? | Avaient-*ils* eu ? avaient-*elles* eu ? | Aurais-je ? |
| Avez-*vous* ? | As-*tu* eu ? | | Aurais-*tu* ? |
| Ont-*ils* ? ont-*elles* ? | A-*t-il* eu ? a-*t-elle* eu ? | **FUTUR SIMPLE.** | Aurait-*il* ? aurait-*elle* ? |
| **IMPARFAIT.** | Avons-*nous* eu ? | Aurai-je ? | Aurions-*nous* ? |
| Avais-je ? | Avez-*vous* eu ? | Auras-*tu* ? | Auriez-*vous* ? |
| Avais-*tu* ? | Ont-*ils* eu ? ont-*elles* eu ? | Aura-*t-il* ? aura-*t-elle* ? | Auraient-*ils* ? auraient-*elles* ? |
| Avait-*il* ? avait-*elle* ? | **PASSÉ ANTÉRIEUR.** | Aurons-*nous* ? | **PASSÉ.** |
| Avions-*nous* ? | Eus-je eu ? | Aurez-*vous* ? | Aurais-je eu ? |
| | Eus-*tu* eu ? | Auront-*ils* ? auront-*elles* ? | |

Aviez-vous ?
Avaient-ils ? avaient-elles?

PASSÉ DÉFINI.

Eus-je ?
Eus-tu ?
Eut-il ? eut-elle ?

Eut-il eu ? eut-elle eu ?
Eûmes-nous eu?
Eûtes-vous eu ?
Eurent-ils eu? eurent-elles eu?

PLUS-QUE-PARFAIT.

Avais-je eu?

FUTUR ANTÉRIEUR.

Aurai-je eu?
Auras-tu eu ?
Aura-t-il eu? aura-t-elle eu?
Aurons-nous eu ?
Aurez-vous eu?

Aurais-tu eu?
Aurait-il eu ? aurait-elle eu?
Aurions-nous eu ?
Auriez-vous eu ?
Auraient-ils eu? auraient-elles eu?

*On dit aussi :* Eussé-je eu? Eusses-tu eu? Eût-il eu? Eût-elle eu? Eussions-nous eu? Eussiez-vous eu? Eussent-ils eu? Eussent-elles eu?

**Dictée.**

(Faites conjuguer les expressions suivantes.)

Ai-je tort ? — Ai-je raison ? — Ai-je menti ? — Ai-je congé ? — Ai-je mon compte ? — Ai-je peur ? — Ai-je honte ? — Ai-je besoin de son secours? — Ai-je coutume de mentir? — Ai-je coutume de tromper? — Ai-je envie de vous quitter ? — Ai-je droit de le faire? — Ai-je souci de mes affaires? — Ai-je de la répugnance à le faire?



## Nᵒ XC.

MODÉLE DES QUATRE CONJUGAISONS INTERROGATIVES.

### INDICATIF.

PRÉSENT.

Aimé-je ?
Aimes-tu ?
Aime-t-il?

Finis-je ?
Finis-tu ?
Finit-il ?

Reçois-je?
Reçois-tu?
Reçoit-il ?

Rends-je?
Rends-tu?
Rend-il?

| | | | |
|---|---|---|---|
| Aimons-nous? | Finissons-nous? | Recevons-nous? | Rendons-nous? |
| Aimez-vous? | Finissez-vous? | Recevez-vous? | Rendez-vous? |
| Aiment-ils? | Finissent-ils? | Reçoivent-ils? | Rendent-ils? |

## IMPARFAIT.

| | | | |
|---|---|---|---|
| Aimais-je? | Finissais-je? | Recevais-je? | Rendais-je? |
| Aimais-tu? | Finissais-tu? | Recevais-tu? | Rendais-tu? |
| Aimait-il? | Finissait-il? | Recevait-il? | Rendait-il? |
| Aimions-nous? | Finissions-nous? | Recevions-nous? | Rendions-nous? |
| Aimiez-vous? | Finissiez-vous? | Receviez-vous? | Rendiez-vous? |
| Aimaient-ils? | Finissaient-ils? | Recevaient-ils? | Rendaient-ils? |

## PASSÉ DÉFINI.

| | | | |
|---|---|---|---|
| Aimai-je? | Finis-je? | Reçus-je? | Rendis-je? |
| Aimas-tu? | Finis-tu? | Reçus-tu? | Rendis-tu? |
| Aima-t-il? | Finit-il? | Reçut-il? | Rendit-il? |
| Aimâmes-nous? | Finîmes-nous? | Reçûmes-nous? | Rendîmes-nous? |
| Aimâtes-vous? | Finîtes-vous? | Reçûtes-vous? | Rendîtes-vous? |
| Aimèrent-ils? | Finirent-ils? | Reçurent-ils? | Rendirent-ils? |

## PASSÉ INDÉFINI.

| | | | |
|---|---|---|---|
| Ai-je aimé? | Ai-je fini? | Ai-je reçu? | Ai-je rendu? |
| As-tu aimé? | As-tu fini? | As-tu reçu? | As-tu rendu? |
| A-t-il aimé? | A-t-il fini? | A-t-il reçu? | A-t-il rendu? |
| Avons-nous aimé? | Avons-nous fini? | Avons-nous reçu? | Avons-nous rendu? |
| Avez-vous aimé? | Avez-vous fini? | Avez-vous reçu? | Avez-vous rendu? |
| Ont-ils aimé? | Ont-ils fini? | Ont-ils reçu? | Ont-ils rendu? |

## PASSÉ ANTÉRIEUR.

| | | | |
|---|---|---|---|
| Eus-je aimé ? | Eus-je fini ? | Eus-je reçu ? | Eus-je rendu ? |
| Eus-tu aimé ? | Eus-tu fini ? | Eus-tu reçu ? | Eus-tu rendu ? |
| Eut-il aimé ? | Eut-il fini ? | Eut-il reçu ? | Eut-il rendu ? |
| Eûmes-nous aimé ? | Eûmes-nous fini ? | Eûmes-nous reçu ? | Eûmes-nous rendu ? |
| Eûtes-vous aimé ? | Eûtes-vous fini ? | Eûtes-vous reçu ? | Eûtes-vous rendu ? |
| Eurent-ils aimé ? | Eurent-ils fini ? | Eurent-ils reçu ? | Eurent-ils rendu ? |

## PLUS-QUE-PARFAIT.

| | | | |
|---|---|---|---|
| Avais-je aimé ? | Avais-je fini ? | Avais-je reçu ? | Avais-je rendu ? |
| Avais-tu aimé ? | Avais-tu fini ? | Avais-tu reçu ? | Avais-tu rendu ? |
| Avait-il aimé ? | Avait-il fini ? | Avait-il reçu ? | Avait-il rendu ? |
| Avions-nous aimé ? | Avions-nous fini ? | Avions-nous reçu ? | Avions-nous rendu ? |
| Aviez-vous aimé ? | Aviez-vous fini ? | Aviez-vous reçu ? | Aviez-vous rendu ? |
| Avaient-ils aimé ? | Avaient-ils fini ? | Avaient-ils reçu ? | Avaient-ils rendu ? |

## FUTUR.

| | | | |
|---|---|---|---|
| Aimerai-je ? | Finirai-je ? | Recevrai-je ? | Rendrai-je ? |
| Aimeras-tu ? | Finiras-tu ? | Recevras-tu ? | Rendras-tu ? |
| Aimera-t-il ? | Finira-t-il ? | Recevra-t-il ? | Rendra-t-il ? |
| Aimerons-nous ? | Finirons-nous ? | Recevrons-nous ? | Rendrons-nous ? |
| Aimerez-vous ? | Finirez-vous ? | Recevrez-vous ? | Rendrez-vous ? |
| Aimeront-ils ? | Finiront-ils ? | — Recevront-ils ? | Rendront-ils ? |

## FUTUR ANTÉRIEUR.

| | | | |
|---|---|---|---|
| Aurai-je aimé ? | Aurai-je fini ? | Aurai-je reçu ? | Aurai-je rendu ? |
| Auras-tu aimé ? | Auras-tu fini ? | Auras-tu reçu ? | Auras-tu rendu ? |
| Aura-t-il aimé ? | Aura-t-il fini ? | Aura-t-il reçu ? | Aura-t-il rendu ? |

| | | | |
|---|---|---|---|
| Aurons-nous aimé? | Aurons-nous fini? | Aurons-nous reçu? | Aurons-nous rendu? |
| Aurez-vous aimé? | Aurez-vous fini? | Aurez-vous reçu? | Aurez-vous rendu? |
| Auront-ils aimé? | Auront-ils fini? | Auront-ils reçu? | Auront-ils rendu? |

## CONDITIONNEL.

### PRÉSENT.

| | | | |
|---|---|---|---|
| Aimerais-je? | Finirais-je? | Recevrais-je? | Rendrais-je? |
| Aimerais-tu? | Finirais-tu? | Recevrais-tu? | Rendrais-tu? |
| Aimerait-il? | Finirait-il? | Recevrait-il? | Rendrait-il? |
| Aimerions-nous? | Finirions-nous? | Recevrions-nous? | Rendrions-nous? |
| Aimeriez-vous? | Finiriez-vous? | Recevriez-vous? | Rendriez-vous? |
| Aimeraient-ils? | Finiraient-ils? | Recevraient-ils? | Rendraient-ils? |

### PASSÉ.

| | | | |
|---|---|---|---|
| Aurais-je aimé? | Aurais-je fini? | Aurais-je reçu? | Aurais-je rendu? |
| Aurais-tu aimé | Aurais-tu fini? | Aurais-tu reçu? | Aurais-tu rendu? |
| Aurait-il aimé? | Aurait-il fini? | Aurait-il reçu? | Aurait-il rendu? |
| Aurions-nous aimé? | Aurions-nous fini? | Aurions-nous reçu? | Aurions-nous rendu? |
| Auriez-vous aimé? | Auriez-vous fini? | Auriez-vous reçu? | Auriez-vous rendu? |
| Auraient-ils aimé? | Auraient-ils fini? | Auraient-ils reçu? | Auraient-ils rendu? |

*On dit aussi :*

| | | | |
|---|---|---|---|
| Eussé-je aimé? | Eussé-je fini? | Eussé-je reçu? | Eussé-je rendu? |
| Eusses-tu aimé? | Eusses-tu fini? | Eusses-tu reçu? | Eusses-tu rendu? |
| Eût-il aimé? | Eût-il fini? | Eût-il reçu? | Eût-il rendu? |
| Eussions-nous aimé? | Eussions-nous fini? | Eussions-nous reçu? | Eussions-nous rendu? |
| Eussiez-vous aimé? | Eussiez-vous fini? | Eussiez-vous reçu? | Eussiez-vous rendu? |
| Eussent-ils aimé? | Eussent-ils fini? | Eussent-ils reçu? | Eussent-ils rendu? |

**Remarques**: 1° *l'impératif*, les temps *du subjonctif* et *l'infinitif* ne sont pas employés interrogativement.

Il en est de même de la première personne du singulier du présent de l'indicatif, à l'égard de quelques verbes qui n'ont qu'une syllabe. Ainsi on ne dit pas : *rends-je? lis-je ? mens-je?* Il faut alors donner une autre forme à la phrase, par exemple, on pourrait dire : *est-ce que je rends? est-ce que je lis ?* etc. Les verbes *avoir, être, aller, voir, devoir, faire*, etc., sont exceptés ; car on dit bien : *ai-je? dois-je? fais-je? sais-je? vais-je? vois-je?* etc.

2° Les pronoms personnels sont placés après le verbe, dans les temps simples, et après l'auxiliaire dans les temps composés, et sont liés à l'un ou à l'autre par un trait d'union : *reçois-JE, ai-JE* aimé, *reçoit-IL?*

3° L'*e* muet se change en *é* fermé quand il est suivi du pronom *je : aimé-je ? donné-je* (1) ?

4° Pour ne pas confondre le présent de l'indicatif *aimé-je* avec le passé *aimai-je*, il faut examiner si en faisant perdre au verbe la forme interrogative on obtient le présent ou le passé sans changer l'objet de la pensée ; ainsi on n'écrira pas *aimai-je maintenant? aimé-je* hier? car en faisant disparaître la forme interrogative on obtient *j'AIME maintenant; j'AIMAI* hier. Donc il faut *AIMÉ-je maintenant? AIMAI-je hier ?*

5° Quand le verbe est terminé par une voyelle et suivi de l'un des pronoms *il, elle, on*, on les fait précéder de la lettre euphonique *t* placée entre deux traits d'union : *donne-T-il? aime-T-elle ? a-T-on fini?*

---

(1) Nous nous conformons ici à l'orthographe adoptée par les grammairiens qui veulent qu'on fasse entendre un *é* fermé dans ces sortes de verbes ; mais l'usage universel et l'autorité des personnes qui parlent le mieux, démentent journellement cette opinion ; elles prononcent : *aimè-je, veillè-je, régnè-je*, avec l'accent grave.

## N° XCI.

## ACCORD DU VERBE.

### VERBE EN RAPPORT AVEC DEUX SUJETS SINGULIERS.

Quand un verbe a deux sujets singuliers, on met ce verbe au pluriel, parce que deux singuliers équivalent à un pluriel.

### Exemples.

L'artifice et la fourberie se *comprennent*. — Cette tulipe et ce narcisse ne *sentent* rien. — L'aspic et la sangsue *piquent*. — Le rat et la souris *mordent*. — La violette et la jonquille *fleurissent*.

### Lecture.

1. L'ivresse et la mollesse *abrutissent* l'homme.
2. L'hermine et la zibeline se *nourrissent* de rats.
3. La cerise et la tomate *deviennent* rouges.
4. La lecture et le jeu *distraient*.
5. Le bœuf et la vache *ont* des cornes.
6. La brebis et la chèvre *ont* des sabots fendus.

ANALYSE. — *Abrutissent* est au pluriel, parce qu'il a deux sujets singuliers.

### Dictée.

(Faites mettre les verbes au pluriel.)

La panthère et le léopard *fond* sur leur proie. — L'incendiaire et le faussaire se *trahit*. — Sa simplicité et sa bêtise me *confond*. — La pomme et la poire *mûrit*. — Le sel et le sucre se *dissout*. — L'agneau et la brebis *patt*. — Le fil et la corde se *détord*. — La bougie et la lampe *s'éteint*.

## XCII.

### VERBE SE RAPPORTANT A PLUSIEURS SUJETS DE DIFFÉRENTES PERSONNES.

Lorsqu'un verbe se rapporte à plusieurs sujets de différentes personnes, on le met au pluriel, et on le fait accorder avec celle qui a la priorité.

La première personne a la priorité sur la seconde, et la seconde sur la troisième.

## Exemples.

Ernest et moi *faisons* notre devoir. — Paul et vous *tra-vaillez* maintenant au dessin. — Toi et moi, nous *sommes* d'accord. — Lui et nous *sommes* parents. — Vous et votre frère *êtes* mes amis.

## Lecture.

1. Vous et votre ouvrage *méritez* d'être parfaits.
2. Vous et moi, nous *sympâthisons*.
3. J'ai gagé que cette dame et vous *étiez* du même âge.
4. Ni vous ni l'empereur ne *voulez* courir au Bosphore.

ANALYSE. — *Méritez* est à la seconde personne du pluriel, parce qu'il se rapporte à plusieurs sujets de différentes personnes, et qu'il s'accorde avec *vous* qui a la priorité.

## Dictée.

( Faites accorder le verbe avec la personne qui a la priorité.)

Moi et lui nous *porte* bien. — Vous et votre ami m'*a* trompé. — Vous et votre frère *a* tort. — Ni lui ni vous ne *mérite* cet honneur. — Lui et moi l'*a* chassé d'ici. — Moi et vous *partira* ce soir.

---

# QUESTIONNAIRE.

56. Qu'est-ce qu'un verbe? — A quoi reconnaît-on un verbe?

57. Qu'est-ce que le sujet d'un verbe? — Quels sont les mots qui peuvent servir de sujets?

58. Qu'est-ce que le régime d'un verbe? — Qu'est-ce que le régime direct? — Le régime indirect? — Quels sont les mots qui servent ordinairement de régimes directs?

59. Quand un verbe est-il à la première, à la deuxième, à la troisième personne?

60. Quand un verbe est-il au singulier? — Au pluriel?

61. Combien y a-t-il de temps principaux dans les verbes? — Qu'est-ce que le présent? — Le passé? — Le futur?

62. Quels sont les autres temps du passé et du futur? — Qu'est-ce que l'imparfait? — Le passé défini? — Le passé indéfini? — Le passé antérieur? — Le plus-que-parfait?

63. Qu'entend-on par temps simples et temps composés?

64. Qu'entend-on par modes dans les verbes? — Combien y a-t-il

de modes? — Qu'est-ce que l'indicatif? — Le conditionnel? — l'impératif? — Le subjonctif? — L'infinitif?

65. Qu'entend-on par modes personnels et modes impersonnels? — Quels sont les modes impersonnels? — Les modes personnels?

66. Combien y a-t-il de sortes de verbes? — Qu'est-ce que le verbe actif?

67. Qu'est-ce que le verbe passif?

68. Qu'est-ce que le verbe neutre?

69. Qu'est-ce qu'un verbe réfléchi?

70. Qu'est-ce qu'un verbe impersonnel ou unipersonnel?

71. Qu'est-ce que conjuguer un verbe? — Combien y a-t-il de conjugaisons? — Comment se termine l'infinitif de la première conjugaison? — De la seconde? — De la troisième? — De la quatrième?

72. Qu'entend-on par verbes auxiliaires? — Quels sont-ils? — A quoi sert le verbe *être?*

73. A quoi sert le verbe *avoir?*

74. A quelles remarques donnent lieu les verbes en *cer?* — En *ger?* — En *cler, cler?* — En *éler, éter?* — En *uer, ouer?* — En *yer?* — En *éer?*

75. Quelles remarques avez-vous à faire sur le participe du verbe *bénir?* — Sur les verbes *haïr, fleurir?*

76. Comment s'écrivent les participes passés des verbes *devoir* et *redevoir?* — Comment font à la première et à la deuxième personne de l'indicatif *pouvoir, valoir, vouloir?*

77. A quelles remarques donnent lieu les verbes en *indre,* en *soudre,* en *aître?*

78. Quelles remarques avez-vous à faire sur l'orthographe des verbes employés au présent de l'indicatif? — A l'imparfait?

79. Au passé défini? — Au futur?

80. Au conditionnel? — A l'impératif?

81. Au subjonctif? — A l'imparfait du subjonctif?

82. Qu'est-ce que le radical d'un verbe? — Qu'est-ce que la terminaison? Qu'est-ce qu'un temps primitif? — Un temps dérivé? — Quels sont les temps primitifs? — Comment se forme le futur? — Le conditionnel? — L'indicatif? — L'imparfait? — Le présent du subjonctif? — Quels temps forme-t-on du participe passé? — Comment se forme l'impératif? — Le passé du subjonctif?

83. Qu'est-ce qu'un verbe régulier — Irrégulier? — Dites les temps principaux des verbes *aller, envoyer, acquérir, assaillir, bouillir, courir, cueillir, faillir férir, fuir, gésir,* etc.

84. Combien y a-t-il de conjugaisons pour les verbes passifs?

**85. Comment se conjuguent le verbes neutres?**

86. Comment se conjuguent les verbes réfléchis ?

87. Quelles remarques avez-vous à faire sur les verbes conjugués interrogativement ?

88. A quel nombre se met le verbe précédé de deux substantifs ?

89. A quelle personne se met le verbe précédé de plusieurs sujets de différentes personnes ?

# CHAPITRE SIXIÈME.

## DU PARTICIPE.

### N° XCIII.

Tout mot qui dérive d'un verbe, et devant lequel on peut placer le verbe *avoir* ou le verbe *être*, est un participe.

*Aimé* est un participe, parce qu'il dérive du verbe *aimer*, et qu'on peut dire : ÉTANT *aimé*, AYANT *aimé*; IL EST *aimé*, IL A *aimé*.

Il y a deux sortes de participes : le participe *présent* qui est toujours terminé par *ant;* le participe *passé* dont les terminaisons sont *é*, pour la première conjugaison; *u*, *is*, *i*, *int*, *ert*, *aint*, *eint*, *us*, *os* pour les trois autres conjugaisons.

#### Exemples.

PARTICIPES PRÉSENTS. — Aimant — caressant — offensant — battant — suppliant — brillant — intéressant — errant — chassant — pleurant — régnant — finissant — recevant.

PARTICIPES PASSÉS. — Aimé — caressé — offensé — battu — supplié — brillé — intéressé — erré — chassé — pleuré — régné — fini — reçu — couvert — craint — reclus — clos — peint.

#### Lecture.

1. L'homme *pratiquant* la vertu.
2. Le vent *soufflant* avec force.
3. Un enfant *jouant* sans cesse.
4. Une mère *aimant* ses enfants.
5. Des bruits *alarmant* les esprits.
6. Les hommes *ont* toujours *admiré* la vertu.
7. Le règne de Charlemagne *a commencé* en 768.
8. Les Français *ont remporté* bien des victoires.
9. Les terres *sont ensemencées* avant l'hiver.
10. La France *est unie* à l'Espagne par les Pyrénées.

Analyse. — *Pratiquant* est un participe, parce qu'il dérive du verbe *pratiquer*, et qu'on peut dire est *pratiquant*. *Admiré* est un participe, parce qu'il dérive du verbe *admirer*, et qu'il est précédé de *ont*. *Pratiquant* est un participe présent, parce qu'il est terminé en *ant*.

### Dictée.

(Faites souligner et analyser les participes suivants.)

Des contrées *couvertes* de bois. — Des arbres *courbés*, *rompus*, *tombant* de vétusté. — Des femmes *expirant* de faiblesse. — Un homme *aimé* du public. — Un château bien *bâti*. — Des habits *déchirés*. — Des chemins mal *pavés*. — Ma sœur *a écrit* une lettre. — Les élèves *ont fini* leur devoir. — La chatte *a pris* trois souris. — Des hommes *tremblant* pour leur liberté. — Des hommes *criant* à haute voix. — Des hypocrites *flattant* avec adresse. — Une mère *chérie* de ses enfants. — Une maison mal *bâtie*. — Des robes *déchirées*. — Des rues mal *pavées*. — Ma mère est *avertie*.

## Nº XCIV.

### DU PARTICIPE PRÉSENT.

Le participe présent est toujours invariable, c'est-à-dire qu'il ne prend ni genre ni nombre, quel que soit le substantif auquel il se rapporte.

### Exemples.

Un homme *lisant*. — Des hommes *lisant*. — Une femme *lisant*. — Des femmes *lisant*. — Une nouvelle *affligeant* les cœurs. — Des polissons *agaçant* les passants. — Des bruits *alarmant* les esprits. — Une liqueur *altérant* la santé. — Des détails *amusant* le lecteur. — Des gens embusqués *assassinant* un voyageur. — Des chasseurs *assommant* une bête fauve.

### Lecture.

1. Des ouvriers *assortissant* les couleurs.
2. Une liqueur *assoupissant* la douleur.
3. Une scène *attendrissant* les spectateurs.
4. Certaine pâte *attirant* le poisson.
5. Des récits *attristant* tout le monde.
6. Une mère irritée *battant* son enfant.
7. On les voit *bénissant* leurs persécuteurs.

8. Des enfants *caressant* leur mère.
9. Une femme *charmant* tous ceux qui la voient.
10. Des bataillons armés *combattant* dans les nues.

ANALYSE. — *Assortissant* ne s'accorde ni en genre ni en nombre avec aucun des mots de la phrase, parce que c'est un participe présent, et que ce participe est toujours invariable.

### Dictée.

(Faites d'abord souligner et analyser les participes présents, et faites mettre ensuite au pluriel le sujet de la phrase.)

Une femme *chantant* une romance. — Une racine *colorant* le vin. — Une nation *combattant* ses oppresseurs. — Un auteur *composant* une pièce. — Une personne *comptant* son argent. — Une personne *consolant* l'infortune. — Une personne *constituant* un avocat. — Cette personne *contrariant* sans cesse ses meilleurs amis. — Cet homme *contredisant* tout le monde. — Un instrument *coupant* des métaux. — Un imbécile *croyant* les contes qu'on lui fait. — Un boulanger *cuisant* le pain. — Une douleur *déchirant* les entrailles. — Une nouvelle *désespérant* tout le monde. — Une action *déshonorant* son auteur. — Le vent *desséchant* la verdure. — Une louve *dévorant* ses petits. — Une farce *divertissant* les spectateurs.

# N° XCV.

## DU PARTICIPE *présent* ET DE L'ADJECTIF *verbal*.

Il ne faut pas confondre le *participe présent* avec certains adjectifs terminés en *ant*, qui, dérivant des verbes, sont appelés *adjectifs verbaux*, et qui, ainsi que tous les adjectifs, changent de terminaison selon le nombre et le genre des substantifs auxquels ils se rapportent.

Dans cette phrase : *Une mère* AIMANT *ses enfants, aimant* est invariable parce que c'est un participe présent, qui marque *l'action* faite par *la mère*.

Dans cette autre phrase : *C'est une mère* AIMANTE, le mot *aimante* est variable, parce que c'est un adjectif verbal, c'est-à-dire un mot employé pour exprimer une manière d'être, une *qualité* permanente, une habitude de la mère.

### Lecture.

1. Des bruits *alarmants*.
2. Des bruits *alarmant* les esprits.
3. Des enfants *caressants*.
4. Des enfants *caressant* leur mère.
5. Des paroles *offensantes*.
6. Des paroles *offensant* la pudeur.
7. Une porte *battante*.
8. Une porte *battant* contre le mur.
9. Une posture *suppliante*.
10. Des esclaves *suppliant* un maître.

ANALYSE. — *Des bruits* ALARMANTS : *alarmants*, adjectif verbal, s'accorde avec *bruits*, parce qu'il en marque la manière d'être, la qualité. *Ces bruits* SONT *alarmants*, c'est *l'état. Des bruits* ALARMANT *les esprits : alarmant* est ici participe présent, et par conséquent invariable. Des bruits *qui alarmaient*, qui faisaient l'action d'alarmer ; c'est *l'action* qu'on veut exprimer.

### Dictée.

( Faites distinguer les adjectifs verbaux des participes présents.)

Des propos *diffamants*. — Des propos *diffamant* la vertu. — Des eaux *dissolvantes*. — Des eaux *dissolvant* le fer. — Une farce *divertissante*. — Une farce *divertissant* les spectateurs. — Une personne *éblouissante* de fraîcheur. — Une lumière *éblouissant* la vue. — Une boisson *échauffante*. — Une boisson *échauffant* la poitrine. — Des discours *édifiants*. — Des discours *édifiant* les auditeurs. — Des menaces *effrayantes*. — Des menaces *effrayant* les gens timides. — La qualité *endormante* de l'opium. — Des sermons *endormant* les auditeurs. — Une personne peu *endurante*. — Une personne *endurant* des affronts. — Une boisson *enivrante*. — Une boisson *enivrant* les buveurs.

---

## N° XCVI.

### DU PARTICIPE PASSÉ.

Le participe passé exprime une action reçue par le mot auquel il se rapporte ; il est susceptible du genre et du nombre.

### Exemples.

Un enfant *aimé*. — Des enfants *aimés*. — Une leçon *apprise*. — Des leçons *apprises*. — Une leçon bien *sue*. — Des leçons bien *sues*. — Une rose *flétrie*. — Des roses *flétries*.

### Lecture.

1. Que de palais *détruits*, de trônes *renversés!*
2. Que de lauriers *flétris*, que de sceptres *brisés!*
3. *Touchés* de mes accords, les chênes applaudissent.
4. *Arrachée* de sa tige, cette fleur se fanera.
5. Ce sont des plantes *inconnues* aux botanistes.

ANALYSE. — *Détruits* est au masculin pluriel, parce qu'il se rapporte à *palais,* qui est du masculin et au pluriel.

### Dictée.

(Faites souligner et analyser les participes.)

Des enfants mal *élevés*. — Un fer *émoussé*. — Des bûchers *éteints*. — Des têtes *coupées*. — Une gloire *flétrie*. — Des sentiers *fleuris*. — Des arbres *abattus*. — Des hommes *armés*. — Des soldats *vaincus*. — Des tables *cassées*. — Des livres *déchirés*. — Des chemises *décousues*. — Des robes mal *faites*. — Des livres mal *écrits*.

# N.° XCVII.

### PARTICIPE PASSÉ CONSTRUIT AVEC *être.*

Le participe passé, employé sans auxiliaire, ou accompagné des verbes *être, paraître, devenir, naître, sembler, demeurer,* s'accorde, comme l'adjectif, avec le nom ou les noms auxquels il se rapporte.

### Exemples.

Les vieillards sont *honorés*. — L'hiver est *passé*. — Une personne est *estimée*. — Une louve *affamée*. — Des ennemis *acharnés*. — Cette mère est *adorée* de ses filles. — La mer est *couverte* de vaisseaux. — Des vers mal *tournés*. — L'or et le fer sont *tirés* des entrailles de la terre. — Les fleurs et les fruits sont *multipliés* à l'infini.

### Lecture.

1. L'innocence et la vertu sont souvent *opprimées*.

2. L'honneur et la justice sont entièrement *bannis* de ce monde.

3. Les rats sont *gouvernés* par la raison d'état.

4. Le fer est *émoussé*, les bûchers sont *éteints*.

5. Du luxe des cités l'indigence est *nourrie*.

6. Qu'elle est belle cette nature *cultivée*!

ANALYSE.—*Opprimés* s'accorde, parce qu'il est précédé du verbe *être*.

### Dictée.

#### ( Faites accorder les participes. )

Les belles choses ont besoin d'être bien *écrit*. — Votre sœur a été *accusé* de ce vol. — Elle a été *puni* comme elle le méritait. — Elle a été *surpris* égorgeant son enfant. — Les fleurs, les fruits, les grains *perfectionné, multiplié* à l'infini; les espèces utiles d'animaux *transporté, propagé, augmenté* sans nombre; les espèces nuisibles *réduit, confiné, relégué;* l'or et le fer *tiré* des entrailles de la terre; les torrents *contenu;* les fleuves *dirigé, resserré;* la mer même *soumis, reconnu, traversé* d'un hémisphère à l'autre; la terre partout *rendu* aussi vivante que féconde; les collines *chargé* de vignes et de fruits; les déserts *devenu* des cités *habité* par un peuple immense; des communications *établi* partout : tels sont les monuments qui attestent la gloire et la puissance de l'homme.

---

# Nº XCVIII.

#### PARTICIPE PASSÉ CONSTRUIT AVEC *avoir*.

Le participe passé construit avec *avoir*, s'accorde avec son régime direct lorsqu'il en est précédé; il reste invariable quand le régime est après ou quand il n'en a pas.

#### Exemples.

Vous avez *écrit* une lettre. — La lettre que vous avez *écrite.* — Il m'a *fait* de la peine. — La peine qu'il m'a *faite.* — Elle a *fondé* une colonie. — La colonie qu'elle a *fondée.* — Nous avons *cultivé* les champs. — Les champs que nous avons *cultivés.* — Elle a *gagné.* — Ils ont *perdu.* — Ils ont *joué.*

#### Lecture.

1. Les graines que j'avais *recueillies*, je les ai *semées.*

2. Les arbustes que vous avez *plantés* ont *péri* faute de soin.

3. La harpe que je vous ai *donnée* vous a-t-elle *paru* bonne ?

4. Les dessins que je vous ai *envoyés* vous ont-ils *plu* ?

5. Les militaires que j'ai *vus* sont *morts* de leurs blessures.

6. Les actions d'éclat qu'ont *faites* nos soldats leur ont *mérité* la croix d'honneur.

ANALYSE. — *Recueillies* varie, parce qu'il est accompagné du verbe *avoir* et qu'il est précédé de son régime. *J'avais recueilli*, quoi ? des *graines ; recueillies* doit donc être au féminin pluriel.

### Dictée.

(Faites corriger les fautes contre les participes.)

Nous avons *rangé* la bibliothèque ; la bibliothèque est *rangé* ; la bibliothèque que nous avons *rangé*. — Ma chambre est *balayé ;* nous avons *balayé* la chambre ; la chambre que nous avons *balayé*. — Vous avez *acheté* des livres ; les livres sont *acheté ;* les livres que vous avez *acheté,* je les ai *lu*. — Nous avons *attendu* les convives ; les convives que nous avons *attendu,* ne sont pas *venu ;* nous les avons vainement *attendu*. — Les hommes ont été *mordu ;* les chiens qui ont *mordu ;* les chiens qui nous ont *mordu*. — Nous avons *engraissé* des poulets ; les poulets qui ont été *engraissé ;* les poulets que j'avais *engraissé,* je les ai *tué* et *mangé*. — Les murs qui sont *réparé ;* les murs que j'ai *réparé ;* j'ai *réparé* les murs. — Les sommes ont été *payé ;* j'ai *payé* des sommes considérables ; les sommes que j'ai *payé*. — Les ouvrages qui ont *été composé ;* j'ai *composé* des ouvrages ; les ouvrages que j'ai *composé,* les avez-vous *trouvé* méthodiques ?

## QUESTIONNAIRE.

90. Qu'est-ce que le participe ? — Combien y a-t-il de sortes de participes ?

91. Le participe présent est-il toujours invariable ?

92. Quelle différence y a-t-il entre le participe présent et l'adjectif verbal ?

93. Le participe passé est-il susceptible de genre et de nombre ?

**94.** Quel est l'accord du participe passé précédé du verbe *être*?

**95.** Quel est l'accord du participe passé avec *avoir*?

---

# CHAPITRE SEPTIÈME.

## DE L'ADVERBE.

### N° XCIX.

Tout mot qui sert à modifier un verbe ou un adjectif est un adverbe.

Si je dis : *vous parlez,* je ne présente que l'idée de parler ; mais si je dis : *vous parlez* SAGEMENT, ce mot *sagement* modifie le verbe *parler*; il indique de quelle manière vous parlez. C'est donc un adverbe.

De même, si je dis : *votre sœur est* EXTRÉMEMENT *aimable,* le mot *extrêmement* modifie le sens de l'adjectif *aimable;* c'est donc aussi un adverbe.

L'adverbe peut aussi modifier un autre adverbe : *il parle* TRÈS-*éloquemment.* Son nom d'*adverbe* lui vient de ce qu'il accompagne le plus souvent un verbe.

Les adverbes les plus usités sont : *alors — assez — aujour-d'hui — auparavant — aussi — autant — auprès — beau-coup — bien — bientôt — d'abord — davantage — dedans — dehors — déjà — demain — désormais — dessous — dessus — enfin — ensemble — ensuite — fort — guère — hier — jadis — jamais — ici — là — loin — maintenant — mal — même — mieux — moins — ne pas — où — pour-tant — près — peu — plus — presque — souvent — tôt — toujours — très — trop — volontiers — tranquillement,* et tous les adverbes en *ment.*

### Lecture.

1. Il se lève *tranquillement,*
2. Déjeûne *raisonnablement,*
3. Dans le Luxembourg *fréquemment*
4. Promène son désœuvrement,
5. Lit la Gazette *exactement,*
6. Quand il a dîné *largement;*
7. Chez sa voisine Clidamant
8. S'en va causer *très-longuement,*

9. Revient souper *légèrement,*
10. Rentre dans son appartement,
11. Dit son pater *dévotement,*
12. Se déshabille *lentement,*
13. Se met au lit *tout doucement,*
14. Et dort *bientôt profondément :*
15. Ah! le pauvre monsieur Clément!

ANALYSE. — *Tranquillement* est un adverbe, parce qu'il modifie le verbe *se lève;* il se lève de quelle manière? *tranquillement.*

### Dictée.

(Faites souligner et analyser les adverbes suivants.)

On croit *aisément* ce qu'on désire. — Ne jugeons *promptement* de personne. — Répondez *poliment.* — Il n'est *jamais* tard pour faire du bien. — Hâtez-vous *lentement.* — Qui va *doucement* va *long-temps.* — Regardez *modestement.* — Les enfants prétendent qu'on les punit *injustement.* — On censure *aisément* les autres. — Un financier *jamais ne* dort *profondément.* — Outrageons *hardiment* qui nous ose outrager. — Protégez *hautement* la vertu malheureuse. — Ce que l'on conçoit *bien* s'énonce *clairement.* — N'agissez *pas trop légèrement.* — Les enfants parlent *beaucoup* et réfléchissent *peu.* — L'Europe est *moins* grande que l'Asie. — L'homme de bien est *trop* confiant.

---

## N° C.

### FORMATION DES ADVERBES EN *ment.*

Les adverbes en *ment* se forment des adjectifs de la manière suivante :

1° Quand l'adjectif masculin est terminé par une voyelle sonore, on y ajoute *ment : aisément, poliment, ingénument.* On excepte *impuni,* qui fait *impunément,* et les adjectifs *beau, nouveau, fou* et *mou,* dont les adverbes sont formés du féminin : *bellement, nouvellement, follement, mollement.*

2° Quand l'adjectif masculin est terminé par un *e* muet, on y ajoute la finale *ment : horriblement, terriblement;* excepté *aveugle, commode, conforme, énorme, incommode, opiniâtre* et *uniforme* qui changent l'*e* muet en *é* fermé :

*aveuglément*, *commodément*, *conformément*, etc. On excepte encore *traître*, qui fait *traîtreusement*.

3° Quand l'adjectif est terminé au masculin par une consonne, l'adverbe en *ment* se forme de la terminaison féminine : *bonnement*, *hautement*, *vivement*, etc. Il faut excepter : 1° *gentil*, qui fait *gentiment* ; 2° *commun*, *confuse*, *diffuse*, *expresse*, *importune*, *obscure*, *précise*, *profonde*, qui changent l'*e* muet en *é* fermé : *communément*, *confusément* ; etc.

4° Les adjectifs en *ant* et en *ent* forment l'adverbe en *ment* par le changement de *nt* en *mment* : *élégant*, *élégamment* ; *prudent*, *prudemment*. On excepte *lent*, *présent* et *véhément*, dont les adverbes sont *lentement*, *présentement* et *véhémentement*.

### Lecture.

1. Les premières amitiés tiennent *terriblement*.
2. On ne saurait manquer de louer *largement* les dieux.
3. Un bien qu'on n'attend plus *facilement* s'oublie.
4. Ne parlez pas *inconsidérément*.
5. Ne nous plaignons pas *légèrement* de nos amis.
6. Protégez *hautement* la vertu malheureuse.

**ANALYSE.** — *Terriblement*, adverbe formé de l'adjectif *terrible* par l'addition de *ment*.

### Dictée.

(Faites souligner et analyser les adverbes suivants.)

Mourir *humblement* en chrétien. — Dieu a ses serviteurs choisis, à qui il communique plus *abondamment* sa sagesse et sa puissance. — Etre *absolument* en repos. — On peut considérer *abstractivement* les qualités du corps. — C'est *abusivement* que vous employez ce mot. — On juge *actuellement* son procès. — Ce substantif est pris *adjectivement*. — Il chante *admirablement*. — Il s'est tiré *adroitement* d'affaire. — Il parle fort *affectueusement*. — Il est *bonnement* convenu du fait. — Il agit très-*sensément*. — Il charge *ambitieusement* son style d'ornements recherchés. — Ce que l'on fait *secrètement* se fait à l'insu de tout le monde. — Nos années se poussent *successivement* comme des flots. — Il est *horriblement* défiguré. — Il faut juger *équitablement* de toutes choses. — Dieu est *essentiellement* bon. — Les peines des damnés dureront *éternellement*. — Il s'informe *curieusement* de tout.

## N° CI.

### DES ADJECTIFS EMPLOYÉS COMME ADVERBES.

Certains adjectifs s'emploient quelquefois comme adverbes, c'est lorsqu'ils modifient un verbe ou un adjectif; tels sont *ferme, haut, soudain, juste, faux,* etc. dans *frapper ferme, parler haut, sortir soudain, parler juste, chanter faux,* c'est-à-dire *frapper fermement, parler hautement, sortir soudainement,* etc.

#### Exemples.

Chanter *bas.* — Parler *bas.* — Sentir *bon.* — Coûter *cher.* — Voir *clair.* — Rester *court.* — Tirer *droit.* — Viser *droit.* — Tomber *dru et menu.* — Chanter *faux.* — Raisonner *faux.* — Tenir *ferme.* — Frapper *fort.* — Parler *franc.* — Gagner *gros.* — Parler *haut.* — Chanter *juste.* — Marcher *incliné.* — Sentir *mauvais.* — Se casser *net.* — Parler trop *vite.* — Dire *vrai.*

#### Lecture.

1. Ce luth est monté trop *bas.*
2. L'écolier jeta *bas* sa robe de classe.
3. Oh ! que ces violettes sentent *bon !*
4. Oh ! mon fils, que tes jours coûtent *cher* à ta mère !
5. Vous voulez voir *clair* dans les profondeurs de la foi ?
6. On lui a coupé les cheveux bien *court.*
7. Je m'en veux tout *doux* m'éclaircir avec elle.
8. *Droit* aux ondes du Styx elle mena sa sœur.
9. Cela tient *ferme* dans la muraille.
10. N'élevez pas la voix trop *haut.*

ANALYSE. — *Bas,* adjectif employé comme adverbe, parce qu'il sert à modifier *monté.* Il est monté comment ? *trop bas.*

#### Dictée.

( Faites souligner et analyser les adjectifs suivants employés adverbialement. )

Vous le prenez bien *haut.* — Il portait *haut* la tête. — Elle ne chante pas *juste.* — Ces chasseurs tirent fort *juste.* — Ces procès lui ont coûté *gros.* — Tu raisonnes fort *juste.* — Arriver *juste* à l'heure du dîner. — Les femmes y apparaissent *léger-vêtues.* — La chair de l'hermine sent *très-mauvais.*

— La pluie tombait *dru* et *menu*. — Vous les hachez *menu* comme chair à pâté. — Je vous défends tout *net* d'oser dire un seul mot. — Cette cuiller s'est cassée *net*. — Cette horloge va trop *vite*. — Les menteurs disent *vrai* quelquefois. — Les enfants *nouveau-nés* sont sensibles aux impressions de l'air. — Mettre *bas* les armes. — Parlons plus *bas*. — On a beau combattre son avis, elle tient *bon*. — Cette protection, il l'a achetée bien *cher*. — Vous l'avez payée trop *cher*. — Les soies de l'éléphant son très *clair* semées sur le corps. —Me voilà demeurée tout *court*.

## N° CII.

### DES LOCUTIONS ADVERBIALES.

On appelle *locution adverbiale* tout assemblage de mots qui sert à modifier un verbe ou un adjectif.

*Il le fait à* DESSEIN ; ces mots à *dessein* forment une locution adverbiale, parce qu'elle est composée de plusieurs mots qui servent à modifier le verbe *fait*.

Les locutions adverbiales les plus usitées sont : *à jamais — à la fois — à l'envi — à part — après-demain — à présent — à regret — à tort — à loisir — à peine — avant-hier — avec soin — avec peine — avec raison — çà et là — ci-après — ci-inclus — ci-joint — d'abord — d'accord — d'ailleurs — de même — de plus — de suite — dès lors — d'ordinaire — du reste — du moins — du tout — en avant — en arrière — en vain — jusque là — long-temps — nulle part — par hasard — par ici — par là — pêle-mêle — peut-être — plus tard — plus tôt — sans doute — tôt ou tard — tour à tour — sens dessus dessous — tout d'un coup — mal à propos — coup sur coup — tout-à-fait — tout-à-l'heure — sur-le-champ.* —

### Lecture.

1. On se prodigue *à l'envi* les louanges et les adulations.
2. Un service rendu *à propos* peut faire oublier une grande offense.
3. On ne doit jamais parler tous *à la fois*.
4. J'aurai *du moins* l'honneur de l'avoir entrepris.
5. Terminons au *plus tôt* l'affaire dont il s'agit.
6. Il but trois rasades *tout de suite*.
7. Cet homme a gagné mille écus *tout d'un coup*.

ANALYSE. —*A l'envi* est une locution adverbiale, parce que cette expression est composée de plusieurs mots, et qu'elle

sert à modifier le verbe *prodigue*. On se prodigue ; comment ?
*à l'envi.*

### Dictée.

(Faites souligner et analyser les locutions adverbiales.)

Il est *à jamais* ruiné. — Ils parlent tous *à la fois.* — Ils
courent *à l'envi* au palais du roi. — Il m'a tiré *à part.* — Je
le verrai *après demain.* — Faites-le *à présent.* — Je l'ai dit
*à regret.* — Elle l'a cru *à tort.* — Vous le ferez *à loisir.* —
Mon cahier est *à peine* terminé. — Je l'ai eu *avant-hier.* —
Copiez-le *avec soin.* — Je le corrigerai *plus tard.* — Vous
l'avez grondé *mal à propos.* — Sortez *d'ici sur-le-champ.*

---

## QUESTIONNAIRE.

99. Qu'est-ce que l'adverbe ?

100. Comment se forment les adverbes en *ment ?*

101. Quand les adjectifs sont-ils employés adverbialement ?

---

# CHAPITRE HUITIÈME.

## DE LA PRÉPOSITION.

## N° CIII.

Tout mot qui sert à lier par le sens un mot à un autre mot,
est une PRÉPOSITION.

Si je dis : *la bonté.... Dieu,* ces mots présentent l'idée de
l'objet *bonté* et de l'objet *Dieu,* mais aucune liaison , aucun
rapport n'est établi entre ces deux mots. Mais si je dis : *la
bonté de Dieu, de* sert à lier le mot *bonté* au mot *Dieu* ; c'est
une *préposition,* c'est-à-dire, mot *placé devant.* Ici le mot *de*
est en effet placé devant le mot *Dieu* pour marquer le rapport
qu'il y a entre ce mot , et le mot *bonté* qui précède.

Les prépositions les plus usitées sont : *à — après — attendu
— avec — chez — contre — dans — de — depuis — derrière
— dès — devant — durant — en — entre — envers — hormis
— hors — malgré — moyennant — nonobstant — outre —*

*par — parmi — pendant — pour — sans — sauf — selon —*
*sous — suivant — sur — touchant — vers.*

## Lecture.

1. La bonté *de* Dieu est infinie.
2. Seigneur, je viens *à* vous.
3. Il était *sur* son char.
4. Ils courent *après* une ombre.
5. Tout change *avec* le temps.
6. Ah ! courez *chez* la reine.
7. Tout parle *contre* lui.
8. Je péris *dans* le port.
9. Vous parlez *en* soldat.
10. Sa patrie semble fuir *devant* lui.

ANALYSE. — Le mot *de* est une préposition, parce qu'il sert à lier le mot *bonté* au mot *Dieu*. Le mot *à* est une préposition, parce qu'il sert à lier le mot *viens* au mot *vous*.

## Dictée.

(Faites souligner et analyser les prépositions.)

Chacun doit être libre *chez* soi. — Nous arrivâmes *à* Tyr — Courons vite *après* elles. — Causez *avec* Zénon. — Dansez *avec* les Grâces. — Ah ! courez *chez* la reine. — Tout semble s'élever *contre* mon injustice. — La vérité doit naître *de* la Fable. — La Fable gît *dans* la moralité. — Les pierres étaient suspendues *en* l'air. — Un plus noble dessein m'amène *devant* vous. — Il tenait la couronne *entre* ses mains. — Rome n'est plus *dans* Rome. — La France s'étend *depuis* le Rhin jusqu'à l'Océan. — Il se met toujours *derrière* celui qui parle. — Fais marcher *devant* toi l'ange exterminateur. — Les talents produisent *suivant* la culture.

---

# N° CIV.

### DES LOCUTIONS PRÉPOSITIVES.

On appelle *locution prépositive* tout assemblage de mots qui sert à lier un mot à un autre mot.

*Il est* A L'ABRI DE *tout soupçon*; ces mots *à l'abri de*, servant à établir un rapport entre *il est* et *tout soupçon*, forment une locution prépositive.

LISTE DES LOCUTIONS PRÉPOSITIVES LES PLUS USITÉES.

*A côté de — à cause de — au delà de — auprès de — au-*

*tour de — au travers de— delà — en deça — jusqu'à — loin de — par delà de — par dessus de — près de — vis-à-vis de — faute de — à couvert de — à fleur de — à force de — à la faveur de — à l'abri de — à la mode de — à l'insu de — à l'exclusion de — à raison de — au dedans de — au péril de — aux dépens de — aux environs de — le long de — quant à — proche de — hors de — sauf à — attenant à — à même de.*

### Lecture.

1. Molière marche *à coté de* Plaute et de Térence.
2. *Par de là* tous les cieux le Dieu des cieux réside.
3. L'art est toujours grossier *auprès de* la nature.
4. Les fondements de cet édifice sont déjà *à fleur de* terre.
5. Ce jeune lis croit *à l'abri de* l'aquilon.
6. *Au delà du* besoin le reste est superflu.
7. On va pour vous *au-devant de* la sollicitation.
8. La terre est petite *à l'égard du* soleil.
9. Sortir *à la faveur de* la naissante nuit.
10. Combien tout ce qu'on dit est *loin de* ce qu'on pense!

**ANALYSE.** — *A côté de* est une locution prépositive, parce qu'elle est composée de plusieurs mots.

### Dictée.

(Faites souligner et analyser les locutions prépositives.)

Il est mort *faute de* pain. — Qu'est-il *auprès de* vous ? — Qui n'est pas généreux est bien *près d'*être injuste. — Allez *jusqu'à* la ville. — *Quant à* lui, il n'en peut plus. — Il reste aux *environs de* Paris. — Il est *à même de* le faire. — Il est venu *à l'insu de* son père.

---

## QUESTIONNAIRE.

**103.** Qu'est-ce qu'une préposition ?

— Nommez les principales prépositions ?

**104.** Qu'est-ce qu'une locution prépositive ?

— Quelles sont les locutions prépositives les plus usitées ?

# CHAPITRE NEUVIÈME.

## DE LA CONJONCTION.

### N° CV.

Tout mot qui sert à établir un rapport entre deux membres de phrase, est une CONJONCTION. La conjonction est aux phrases ce que la préposition est aux mots. *Sa figure me charme* ET *m'intéresse ; et* sert à lier le premier membre de phrase, *sa figure me charme*, au second membre de phrase, *m'intéresse. Et* est donc une *conjonction.*

#### LISTE DES PRINCIPALES CONJONCTIONS.

*Ainsi — car — comme — cependant — donc — et — lorsque — mais — néanmoins — ni — or — ou — parce que — puisque — quand — que — quoique — savoir — si — soit — toutefois.*

#### Lecture.

1. Fais du bien aujourd'hui *puisque* tu vis encore.
2. Que font les toits dorés, *si* l'on n'y vit en maître ?
3. Je pense, *donc* Dieu existe.
4. Il y a trois choses à consulter, *savoir :* le juste, l'honnête et l'utile.
5. Ayez moins de frayeur *ou* moins de modestie.
6. Le cœur suffit pour savoir; *mais* il ne suffit pas pour savoir choisir.
7. Je te rebats ce mot, *car* il vaut tout un livre.
8. On parle peu *quand* la vanité ne fait pas parler.

ANALYSE. — *Puisque* est une conjonction, puisqu'il sert à lier le premier membre de phrase *fais du bien aujourd'hui* au second membre de phrase *tu vis encore.*

#### Dictée.

(Faites souligner et analyser les conjonctions suivantes.)

Au douzième siècle on ne savait plus lire *ni* écrire. — Il faut être docile *lorsqu'*on nous reprend. — Il est mort *ou* il est bien près de mourir. — Il le veut bien, *mais* il y met une condition. — Il y a quatre saisons : le printemps, l'été, l'automme *et* l'hiver. — Évitez l'oisiveté, *parcequ'*elle est la mère de tous les vices.

## N° CVI.

**DES CONJONCTIONS COMPOSÉES OU LOCUTIONS CONJONCTIVES.**

Il y a des conjonctions simples et des conjonctions composées. Les conjonctions *simples* sont celles qui s'écrivent en un seul mot ; les conjonctions *composées*, ou locutions conjonctives sont celles qui sont formées de plusieurs mots.

*Et, ni, mais, or, ou, car, puisque*, etc., sont des conjonctions *simples*.

*Tandis que, parce que, afin que*, etc., sont des conjonctions *composées*.

### Lecture.

1. On n'est pas bien, *dès qu*'on veut être mieux.
2. Il y a des choses que tout le monde dit, *parce qu*'elles ont été dites une fois.
3. Le vent est plus ou moins froid, *selon qu*'il nous vient du nord ou du sud.

**ANALYSE.** — *Dès que* est une conjonction composée, ou locution conjonctive, parce qu'elle est formée de plusieurs mots.

### Dictée.

( Faites souligner et analyser les locutions conjonctives.)

Il y a bien des gens qu'on estime, *parce qu*'on ne les connaît pas. — *Pendant que* Samson dormait une femme lui coupa les cheveux.

---

## QUESTIONNAIRE.

105. Qu'est-ce qu'une conjonction?
106. Qu'est-ce qu'une locution conjonctive ?

---

# CHAPITRE DIXIÈME.

## DE L'INTERJECTION.

## N° CVII.

Tout mot invariable qui se jette, qui s'interjette dans le

discours pour exprimer une émotion, une affection vive et subite de l'ame, est une INTERJECTION. — OH ! *qu'il est cruel de n'espérer plus.* OH ! est une *interjection*, parce que c'est un mot qui se jette, qui s'interjette dans le discours pour exprimer un mouvement subit de l'ame.

Les principales interjections sont : *Ah! — Ha! — Oh! — Ho!— Eh! — Hé! — Fi! — Hélas! — Pouf! —Holà! — Chut! — Paix! — Ça! — Allons! — Adieu! — Alerte! — Hem! — Bon! — Ferme! — Fi donc! — Gare! — Courage!*

### Lecture.

1. *Ah!* s'il est un heureux, c'est sans doute un enfant.
2. *Ha!* vous vous emportez.
3. Beaux-arts, *eh!* dans quel lieu n'avez-vous droit de plaire.
4. *Ha! ha!* monsieur est Persan ?
5. *Ah!* pleure, fille infortunée.
6. *Eh!* qui n'a pas pleuré quelque perte cruelle !
7. *Ouf!* je me sens déjà pris de compassion.
8. *Hé!* monsieur, peut-on voir souffrir les malheureux ?
9. Tout passe donc, *hélas!* sur cette pauvre terre.
10. Ma robe vous fait honte, un fils de juge, *ah! fi!*

ANALYSE. — *Ah!* est une interjection, parce que c'est un mot qui se jette, qui s'interjette dans le discours, pour exprimer un mouvement subit de l'ame.

### Dictée.

( Faites souligner et analyser les interjections suivantes.)

*Eh!* la peur se corrige-t-elle ? — *Ha!* l'homme savant, on vous y prend aussi. — *Ah!* que de la vertu les charmes sont puissants. — *Oh!* que la nature est sèche, expliquée par des sophistes! — *Ouf! aye!* je n'en puis plus. — Elle m'étrangle, *ay! ay!* — *Aye! ouf!* on m'estropie. — *Ah!* je les reconnais, mes aimables abeilles. — *Bon!* parlez-lui du ciel, il répond d'un sourire. — *Chut!* je veux à vos yeux leur en faire un affront. — Mais d'où, *diantre!* après tout avez-vous su la ruse? — *Hé bien!* c'en est donc fait! — *Hélas!* sans la santé, que m'importe un royaume? — *Ho! ho!* qui te peut amener? — *Holà! ho!* Sganarelle.

# CHAPITRE ONZIÈME.

## DES HOMONYMES.

Les homonymes sont des mots qui ont la même prononciation, ou à peu près, sans avoir la même orthographe.

*Air*, qu'on respire; *aire*, surface unie; *ère*, époque;
*erre*, marche d'un vaisseau, au pluriel TRACES; *haire*, petite
chemise de crin; pauvre *hère*, pauvre diable.

| | |
|---|---|
| *Ache,* herbe; | *Hache,* instrument. |
| *Alène* de cordonnier; | *Haleine,* souffle. |
| *Amande,* fruit; | *Amende,* condamnation. |
| *Anche* de clarinette; | *Hanche,* partie du corps. |
| *Antre,* caverne; | *Entre,* verbe ou préposition. |
| *Ancre* de vaisseau; | *Encre* pour écrire. |
| *Août,* mois; | *Houx,* arbuste; |
| *Où,* adverbe. | *Houe* de cultivateur; |
| *Ou,* conjonction. | |
| *Appas,* charmes; | *Appât,* amorce. |
| *Arrhes* d'un marché; | *Art,* talent, méthode; |
| *Are,* mesure agraire. | *Hart,* corde à pendre; |
| *Au,* article composé; | *Eau* à boire; |
| *Aulx,* pluriel de ail; | *Haut,* élevé; |
| *Os* d'animal; | *O, oh! ho!* |
| *Auspice,* présage, protection; | *Hospice,* hôpital. |
| *Autel* d'un temple; | *Hôtel,* logis. |
| *Auteur* d'un ouvrage; | *Hauteur,* élévation. |
| | |
| *Bas,* chaussure, abaissé; | *Bah!* |
| *Bât* d'un âne. | |
| *Bal* où l'on danse; | *Balle* à jouer; pellicule d'a- |
| | voine. |
| *Balai* pour balayer; | *Ballet,* danse. |
| *Bon,* de bonté; | *Bond,* saut, de bondir. |
| *Bonace,* calme de mer; | *Bonasse,* sans malice, niais. |

*Brocart*, étoffe;     *Brocard*, raillerie.
*Butte,* éminence;     *Bute,* instrument pour couper la corne des chevaux.


*Cahot* de voiture;     *Chaos,* confusion.
*Camp* d'armée;     *Quand*, conjonction;     *Quant à*, préposition.
*Cane,* femelle du canard;     *Canne* de jonc.
*Cartier,* fabricant de cartes;     *Quartier*, partie.
*Cène,* dernier repas de Jésus-Christ;     *Saine,* féminin de *sain;*
*Scène,* action théâtrale;     *Seine*, fleuve.
*Ceint,* du verbe *ceindre;*     *Sain*, en santé;
*Cinq*, nombre;     *Saint*, de sainteté;
*Sein,* cœur;     *Seing*, signature.
*Celle*, pronom démonstratif;     *Sel*, pour saler;
*Selle* de cheval.    
*Cellier* au vin;     *Sellier*, qui fait des selles.
*Cent*, adjectif numéral;     *Sang* des veines;
*Cens,* dénombrement;     *Sans*, préposition;
*Sens,* jugement;     *S'en* pour SE EN, *s'en* rire.
*Cerf,* bête fauve;     *Serf,* esclave (de servitude).
*Chaîne,* lien de métal;     *Chêne,* arbre.
*Chair,* viande;     *Cher, chère.*
*Chaire* à prêcher.    
*Champ* de blé;     *Chant,* de la voix.
*Chaud*, de chaleur;     *Chaux*, pour bâtir.
*Chœur,* chant;     *Cœur,* sein, etc.
*Comte,* titre;     *Compte,* calcul;
*Conte,* récit.    
*Cor,* durillon, instrument;     *Corps* de l'homme.
*Cou,* partie du corps;     *Coup* que l'on frappe;
*Coud,* du verbe *coudre.*     *Coût* d'un acte.
*Cour,* de maison;     *Cours,* de course;
*Court;* peu long.    
*Cygne,* oiseau aquatique;     *Signe,* marque.


*Date,* époque;     *Datte,* fruit.
*Dessin*, art.     *Dessein,* projet.
*Don,* présent;     *Dont*, pronom;
*Donc,* conjonction.    


*Écho,* qui répète la voix;     *Écot,* dépense.
*Enter* un arbre;     *Hanter,* fréquenter.

*Étaim*, laine fine ;  
*Étain*, métal ;  
*Être*, verbe ;  
*Éteint*, verbe.  
*Hêtre*, arbre.

*Faim*, besoin ;  
*Feint*, de feindre.  
*Fait*, action ;  
*Fête*, jour solennel ;  
*Foi*, croyance, fidélité ;  
*Fouet*, pour frapper.  
*Fin*, de finir ;  
*Faix*, charge.  
*Faîte*, sommet.  
*Foie*, viscère ;  
*Fois*, pour le nombre des actions.

*Fond*, profondeur ;  
*Font*, 3ᵉ personne du verbe FAIRE ;  
*Fonds*, propriété ;  
*Fonts* de baptême ;

*Gai*, joyeux ;  
*Guet*, garde.  
*Guère*, peu.  
*Geai*, oiseau ;  
*Jet*, de jeter.  
*Gué* de rivière ;  
*Guerre*, combats.  
*Jais*, minéral noir ;

*Hâle*, sécheresse ;  
*Héraut*, officier public ;  
*Halle* au blé.  
*Héros*, guerrier.

*Lacs*, lacet ;  
*Là*, adverbe ;  
*Laid*, vilain ;  
*Lai*, poésie ;  
*Lé* d'étoffe ;  
*Les*, article.  
*Lyre*, instrument de musique ;  
*Lut*, enduit ;  
*Luth*, instrument de musique.  
*Las*, fatigué ;  
*La*, article.  
*Laie*, femelle du sanglier ;  
*Lait* des vaches ;  
*Legs*, donation ;  
*Lire* un livre.  
*Lutte*, combat ;

*Mai*, mois ;  
*Mets*, aliment ;  
*Met*, verbe.  
*Maire*, dignité ;  
*Mère* de famille.  
*Mal*, douleur ;  
*Mettre*, verbe ;  
*Mors* de bride ;  
*Maure*, ou *More*, Africain.  
*Mais*, conjonction,  
*Mes*, adjectif possessif ;  
*Mer*, amas d'eau ;  
*Malle*, meuble.  
*Mètre*, mesure.  
*Mort*, trépas ;

*Pain* à manger ;  
*Peint*, verbe.  
*Pin*, arbre ;

*Pair*, dignité ;
*Père* de famille.
*Paix*, tranquillité ;
*Peau* d'un animal ;
*Pan* d'un vêtement ;
*Pause*, temps d'arrêt ;
*Penser*, réfléchir ;
*Plaine*, campagne ;
*Plan*, dessin ;
*Poids*, pesanteur ;
*Poix*, résine.
*Poing*, main fermée ;
*Porc*, cochon ;
*Pore* de la peau.

*Paire* de souliers ;

*Paie*, solde.
*Pot*, vase.
*Paon*, oiseau.
*Pose*, de poser.
*Panser*, soigner.
*Pleine*, remplie.
*Plant*, de planter.
*Pois*, légume ;

*Point*, piqûre, etc.
*Port* de mer ;

*Raie*, barre, poisson ;
*Rets*, filet.
*Raisonner*, réfléchir ;
*Rênes*, pour guider un char ;
*Raine*, espèce de grenouille.

*Rais* de roue ;

*Résonner*, rendre un son.
*Reine*, femme de roi ;
*Renne*, quadrupède.

*Salle*, grand appartement ;
*Satire*, poème mordant ;
*Saut*, de sauter ;
*Sot*, sans esprit ;
*Sceller*, cacheter ;
*Céler*, cacher.
*Serein*, calme et pur ;
*Soûl*, rassasié ;
*Sous*, préposition.
*Statue*, figure, etc. ;

*Sale*, mal-propre.
*Satyre*, divinité champêtre.
*Sceau*, grand cachet ;
*Seau*, pour l'eau.
*Seller* un cheval ;

*Serin*, oiseau.
*Sou*, monnaie ;

*Statut*, réglement.

*Teint*, éclat du visage ;
*Tan* pour tanner ;
*Temps*, durée.
*Tante*, femme de l'oncle ;
*Taon*, mouche ;
*Ton* de musique.
*Toue*, bateau ;
*Toux*, rhume.
*Tribu*, partie d'un peuple ;

*Thym*, plante.
*Tant*, adverbe ;

*Tente*, pavillon.
*Thon*, poisson ;

*Tout*, entier ;

*Tribut*, impôt.

*Vain*, vaniteux ;
*Vin* à boire ;
*Van* pour le blé ;

*Vingt*, adjectif numéral ;
*Vint*, du verbe venir.
*Vent*, souffle.

*Verre* à bouteille, à vitre ;  *Ver*, insecte ;
*Vert*, couleur ;  *Vers* de poésie ; préposition ;
*Vair*, fourrure.
*Vice*, grand défaut ;  *Vis* qui serre.
*Voie*, chemin, moyen ;  *Voix*, parole.

*Zéphir*, vent ;  *Zéphyre*, dieu.

---

# CHAPITRE DOUZIÈME.

### EMPLOI DES SIGNES ORTHOGRAPHIQUES.

### *Des accents.*

1. E ne prend pas d'accent devant *x*.

2. E prend l'accent grave devant une syllabe muette finale : *comète, règne, funèbre;* les mots en *ége* prennent l'accent aigu : *piége, collége.*

3. L'accent varie selon la prononciation : *extrême,* extrémité ; *poème,* poésie.

4. On met un accent grave sur les adverbes *çà, là, déjà.* On met cet accent sur *où,* pronom conjonctif, et non sur *ou,* conjonction ; on le met sur *dès,* préposition, et non sur *des,* article composé ; sur *à,* préposition, et non sur *a,* troisième personne du verbe *avoir.*

5. On met un accent circonflexe sur *dû, tû,* participes passés des verbes *devoir, taire,* seulement au masculin singulier : on n'en met point sur *du,* article composé ; *tu,* pronom personnel.

On met cet accent sur *crû, crûe,* participe du verbe *croître,* et non sur *cru, crue,* participe de *croire.*

6. On met l'accent circonflexe sur *bâiller, châsse,* pour les distinguer de *bailler, chasse.*

7. On met cet accent sur l'*u* de *mûr,* en maturité, et de *sûr,* certain ; on ne le met pas sur l'*u* de *mur,* ouvrage de maçonnerie, ni de *sur,* préposition.

### *De l'apostrophe.*

1. *a* ne se retranche que dans *la : l'ame.*
2. *i* se retranche dans *si,* devant *il, ils.*

3. L'*e* muet de tous les monosyllabes, *je, me, te, se, que,* etc., se retranche devant une voyelle.

4. L'*e* de *jusque* se retranche : *jusqu'ici.* On élide celui de *quoique, puisque, lorsque,* devant *il, elle, on, un;* celui de *quelque* devant *un, autre;* celui de *presque* dans *presqu'île* seulement.

5. L'*e* muet de *entre* s'élide dans les composés *entr'acte, entr'aider;* quelques grammairiens permettent l'élision dans *entr'eux, entr'elles, entr'autres;* il est mieux de mettre *entre eux,* etc.

6. L'*e* de *grande* s'élide dans les mots composés *grand'-mère, grand'rue, grand'tante, grand'messe;* cela fait *grand'-pitié, grand'peine, grand'honte;* j'ai *grand'faim, grand'soif,* pas *grand'chose,* etc. Une *grande rue* et la *grand'rue,* une *grande messe* et la *grand'messe* sont des choses différentes.

7. L'élision n'a pas lieu dans *le un* (le n° un); *de onze* qu'ils étaient, il n'en est resté *que huit;* la *onzième* semaine; *ce oui,* je crois que *oui, ce onze.*

8. Après un impératif, *le, la,* s'articulent sans élision : conduis-*le* à Paris, ramène-*la* ici.

6. L'élision n'a pas lieu non plus devant un mot pris ma-tériellement, comme mot : croyez-vous *que* AGAMENNON n'est pas plus harmonieux que Clodwich ? l'*a* de AMOUR est bref.

### *Du trait d'union.*

Le trait d'union se met 1° entre les parties des noms et des adjectifs composés : *chef-d'œuvre, tête-à-tête, nouveau-né, ivre-mort.*

2. Entre les éléments de certaines locutions conjonctives ou adverbiales : *c'est-à-dire, tout-à-coup, sur-le-champ;* cela devrait être général.

3. Entre les verbes et les pronoms *ce, on,* et les pronoms personnels sujets ou régimes, quand le verbe précède : est-*ce* lui ? que dit-*on?* prenez-*en,* iras-*tu,* donnez-*le-lui,* etc.

4. Entre les pronoms personnels et l'adjectif *même :* moi-*même,* nous-*mêmes,* etc.

5. Entre les particules *ci* et *là* et le mot qu'elles accom-pagnent : *ci*-dessus, *là*-haut, ce temps-*ci.*

6. Entre les adjectifs numéraux qui expriment un nombre décennaire : *soixante-dix*, *quatre-vingts*, et entre ceux qui font partie d'une série décadaire, *trente-deux*, *quarante-cinq*, *soixante-dix-sept;* mais on écrit *mille deux cent quarante*, *cent quatre;* MILLE et CENT expriment des collections complètes. Le meilleur serait de mettre le tiret entre tous les mots qui expriment un nombre.

De grands auteurs et des imprimeurs lettrés, dit M. Dessiaux à qui nous empruntons toutes ces observations sur les signes orthographiques, suppriment le tiret après l'adverbe *très;* cela est fondé en raison : Voltaire a dit : *très* à propos; Racine : *très* en peine, phrases où le tiret serait déplacé; il n'est donc pas indispensable ailleurs.

### Du tréma.

L'emploi du tréma est fautif quand on peut le remplacer par un accent; écrivez *poème*, *poésie*, *plébéien*, et non *poëme*, *plébéïen*. Il faut le tréma et non l'*y* dans *païen*, *faïence*.

Le *h* entre deux voyelles équivaut au tréma : *cohue*, *souhait*, *trahir*.

### Des majuscules.

On appelle majuscules des lettres plus grandes que les autres, et qui ont quelquefois une forme différente : A, B sont des majuscules, *a*, *b* des minuscules.

Les majuscules contribuent à la clarté. On commence par une majuscule, 1° le premier mot d'un alinéa, d'une phrase après un point, et d'un vers; tous les noms propres d'hommes, de pays, de villes, de rivières, et les noms de peuples :

La Seine a ses Bourbons, le Tibre a ses Césars. (BOIL.)
Jamais on ne vaincra les Romains que dans Rome. (COR.)

Cependant les noms de peuples, employés adjectivement, s'écrivent sans majuscule : les soldats *romains*, le peuple *français*.

2. Les substantifs et les adjectifs composant un nom propre : *Mer-Rouge*, *Pays-Bas*, *Louis-le-Grand*.

3. Les noms d'êtres moraux personnifiés :

La sombre *Jalousie*, au front pâle et livide,
Suit d'un pas chancelant le *Soupçon* qui la guide. (VOLT.)

4. Les noms de la Divinité : *Dieu*, le *Créateur*, le *Tout-Puissant*, l'*Éternel* ; néanmoins le mot *dieu* s'écrit sans majuscule après un article ou un équivalent : le *dieu* de Jacob.

5. Les noms de sociétés, de corporations, de sectes : le *Parlement*, l'*Institut*, les *Protestants*.

6. Les noms des points cardinaux, des cercles de la sphère : le *Nord*, le *Sud*, l'*Équateur*, etc.

7. Les mots en apostrophe :

Répondez *Cieux* et *Mers*; et vous, *Terre*, parlez. (L. R.)

8. Les noms d'ouvrages : le *Télémaque*, le *Siècle* de Louis XIV.

### Dictée.

Sur l'emploi des signes orthographiques.

L'*excès* des maux vient de l'*excès* des biens. — Souvent un *piége* est caché sous la fleur. — Il est rentré au *collége*, — Le beau *poéme* de la Henriade. — Venez *çà*. — Je vous l'ai *déjà* dit. — Il l'*a* dit *à* son ami. — Je l'ai *cru* long-temps. — La rivière a *crû*. — Le *mur* est abattu. — Ce fruit n'est pas encore *mûr*. — L'*ame* est immortelle. — *S'ils* viennent, nous le leur dirons. — *J'ai* fait mon devoir. — *Jusqu'ici* tout va bien. — Choisissez *entre eux* et moi. — Je *l'ai* vu dans la *grand'salle* du Palais de Justice. — Ce *onze* septembre. — C'est le *chef-d'œuvre* de l'art. — Sortez *sur-le-champ*. — C'est un *païen*. — La *Seine* a ses *Bourbons*.

# PETIT DICTIONNAIRE

## DE LOCUTIONS VICIEUSES.

| NE DITES PAS : | DITES : |
| --- | --- |
| Il *en a* bien agi. | Il a bien agi. |
| Lieu *airé*. | Lieu *aéré*. |
| Chat *angola*. | Chat angora. |
| *Apparution* et *disparution*. | Apparition et disparition. |
| Connaître les *aides* d'une maison. | Connaître les *êtres*. |
| *A revoir*. | Au revoir. |
| Fil d'*aréchal*. | Fil d'archal. |
| De *bonne* amadou. | De *bon* amadou. |
| De manière *à ce que*. | De manière *que*. |
| *Au fur* et *à mesure*. | A mesure que. |
| L'*ormoire*. | L'armoire. |
| L'*atmosphère* est *serein*. | L'atmosphère est *sereine*. |
| Les *babouines* d'un singe. | Les *babines*. |
| Il a la *brelue*. | Il a la *berlue*. |
| *Bosseler* un vase, une cuiller. | Bossuer un vase. |
| Il *brouillasse*. | Il *bruine*. |
| Remplir son *but*. | Atteindre son but. |
| *Cacaphonie*. | Cacophonie. |
| *Castonade*. | Cassonade. |
| *Une centime*. | Un centime. |
| Chipoteur, rancuneur. | Chipotier, rancunier. |
| Aller à *croche-pied*. | Aller à cloche-pied. |
| Le *combien* du mois. | Le quantième. |
| Un *colidor*. | Un corridor. |
| Corporence. | Corpulence. |
| Je *crasse* mes habits. | J'encrasse mes habits. |
| Comparition | Comparution. |
| Des *écorces* de pois. | Des cosses. |
| Coûte *qui* coûte. | Coûte que coûte. |
| Il ne *décesse* de parler. | Il ne cesse de parler. |

| NE DITES PAS : | DITES : |
|---|---|
| Désagrafer. | Dégrafer. |
| Je vous *demande* excuse. | Je vous fais excuse, ou je vous demande pardon. |
| J'en *deviens*. | J'en viens. |
| Comme *de* juste. | Comme de raison. |
| *Un* dinde. | Une dinde, un dindon. |
| *Égaler* le terrain. | Égaliser le terrain. |
| *Élever* ses yeux vers le ciel. | Lever ses yeux, etc. |
| Il fait son *embarras*. | Il fait l'important. |
| *Embrouillamini*. | Brouillamini. |
| Érésipèle. | Érysipèle. |
| Espadron. | Espadon. |
| Esquilancie. | Esquinancie. |
| Cet homme est *farce*. | Cet homme est farceur. |
| La fête *à Dieu*. | La Fête-Dieu. |
| Franchipane. | Frangipane. |
| J'ai la *fringale*. | J'ai la faimvalle. |
| La *froideur* du temps. | La froidure. (*Froideur* ne se dit qu'au moral.) |
| Il s'en faut *de* guère. | Il ne s'en faut guère. |
| L'idée lui *a pris de*. | L'idée *lui est venue*. |
| Une *géane*. | Une géante. |
| Jeu de *honchets*. | Jeu de jonchets. |
| Se lever *à* bonne heure. | De bonne heure. |
| *Jouir* d'une mauvaise santé, d'une mauvaise réputation. | *Avoir* une mauvaise santé, etc. |
| Il *m'a* invectivé. | Il a invectivé contre moi. |
| Ce temps-*ici*. | Ce temps-ci. |
| Un *lai* d'étoffe. | Une *laize*, ou un *lé*. |
| De *bonnes* légumes. | De bons légumes. |
| *Un* losange. | Une losange. |
| Serviette à *linteaux*. | Serviette à *liteaux*. |
| Sur les *midi*, les *minuit*. | Sur le minuit, ou vers minuit. |
| Mésentendu. | Malentendu. |
| Membré. | Membru. |
| Par *mégard*. | Par mégarde. |
| Sainte-*Mitouche*. | Sainte-Nitouche. |
| Une *nine*. | Une naine. |
| *Du* nacre. | De la nacre. |
| Habiller quelqu'un *à* neuf. | Habiller de neuf. |
| De l'*ouette*, de la *vouette*. | De l'ouate. |
| Mon ouvrage est *faite*. | Mon ouvrage est *fait*. |
| Pantomine. | Pantomime. |
| Rue *passagère*. | Rue passante. |

| NE DITES PAS : | DITES : |
|---|---|
| Un *patère*. | Une patère ( pour les rideaux). |
| Un *petit peu*. | Très-peu. |
| Tant *pire*. | Tant pis. |
| Il a une bonne *pogne*. | Il a un bon poignet. |
| Il est *pointilleur*. | Pointilleux. |
| Allons *promener*. | Allons *nous* promener. |
| Palfernier. | Palefrenier. |
| Je vous *promets* que je vous aime. | Je vous assure... (On ne promet que pour l'avenir). |
| Le quart de la rue. | Le coin, l'angle de la rue. |
| Air *rébarbaratif*. | Air rébarbatif. |
| A la rebours. | Au rebours. |
| Il a *recouvert* la vue. | Il a recouvré la vue. |
| Avoir des *renvois*. | Avoir des aigreurs. |
| La *revange*. | La revanche. |
| Je me suis *en* allé. | Je m'*en* suis allé (et de même pour tout le verbe). |
| Où *restez*-vous? | Où demeurez-vous? |
| Une *ruelle* de veau. | Une rouelle de veau. |
| Une *ruette* (petite rue). | Une ruelle. |
| *Du* sandaraque. | De la sandaraque. |
| On fait *à* savoir *que*. | On fait savoir. |
| Semouille. | Semoule. |
| Un *siau* d'eau. | Un seau d'eau. |
| *Une* socque. | Un socque. |
| Souguenille. | Souquenille. |
| *Tète* d'oreiller. | Une taie d'oreiller. |
| Trésoriser. | Thésauriser. |
| Vessicatoire. | Vésicatoire. |
| Perdre la *trémontade*. | Perdre la tramontane. |
| J'ai *très faim*, etc. | J'ai extrêmement faim. |
| Ils se *vêtissent*. | Ils se vêtent. |

# LISTE

## DE MOTS DANS LESQUELS LA LETTRE *H* EST ASPIRÉE.

ha !
hâbleur.
hache.
hagard.
haha.
hahé.
hachis.
haillon.
Hainaut.
haine.
haineux.
haïr.
haire.
hallage.
hâle.
haleter.
halle.
hallebarde.
hallebreda.
hallier.
haloir.
halot.
halotechnie.
halte,
Han.
hamac.
Hambourg.
hameau.
hampe.
han.
hanche.
hanneton.

hangar.
hanscrit.
hanse.
hansière.
hanter.
happe.
happelourde.
happer.
haquenée.
haquet.
harangue.
haras.
harasser.
harceler.
hard.
harde.
harder.
hardes.
hardi.
hareng.
Harfleur.
hargneux.
haricot.
haridelle.
Harlay.
Harlem.
harnais.
haro.
harpailler.
harpe.
harpeau.
harper.

harpon.
harpie.
hart.
hasard.
hâle.
haste.
hâte.
hatereau.
hateur.
hâtif.
hauban.
haubert.
hauteur.
Havane.
hâve.
have.
havir.
havre.
havre-sac.
hé !
heaume.
hem !
hennir.
Henri.
héraut.
hère.
hérisser.
hernie.
héron.
héros.
herse.
Hesse.

hêtre.
heurter.
hibou.
hic.
hideux.
hie.
hiérarchie.
hisser.
hobereau.
hoc.
hoca.
hoche.
hochepot.
hocher.
hochet.
holà !
Hollande.
hollander.
homard.
hongre.
Hongrie.
honnir.
honte.
hoquet.
hoqueton.
horde.
horion.
hormis.
hors.
hotte.
houblon.
houe.

houille.
houle.
houlette.
houppe.
houppelande.
houri.
hourvari.
houspiller.
houssaie.
houssard.
housse.
housser.
housseux.
houssine.
houssoir.
houx.
hoyau.
huche.
huer.
huée.
huguenot.
huit.
hulotte.
hunier.
Huningue.
huppe.
hure.
hurler.
Huron.
hussard.
hutte.

# TABLE.

*ERRATA :*

Page 23, note. Au lieu de *patronne,* lisez : *patrone.*
Page 54, dictée. Au lieu de : *Mettre les adjectifs au mas-
culin pluriel,* lisez : *Mettre les adjectifs au pluriel.*]
Page 55. Au lieu de : *La hiène,* lisez : *la hyène.*